AUF REISEN

Für die freundlichen Fremden, die ich auf meinen
Reisen von Montenegro bis in die Mongolei
getroffen habe.

~ *J.L.*

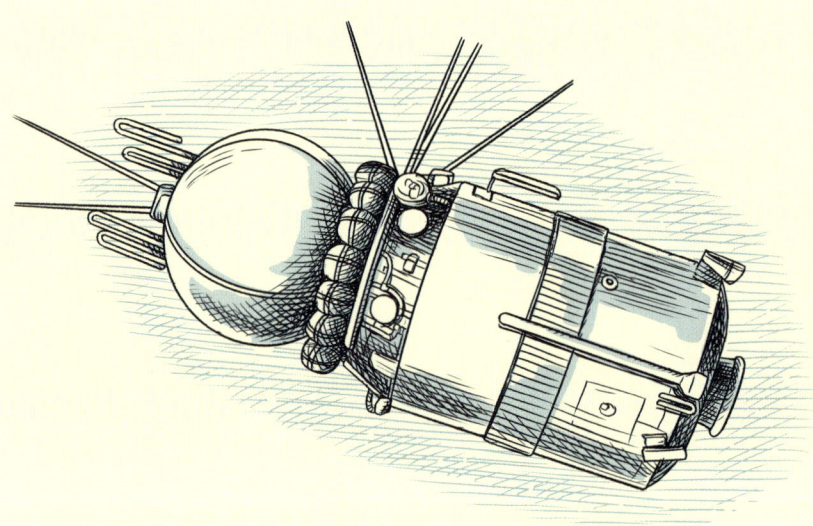

360 Grad Verlag
Eichenweg 21a · D-69198 Schriesheim
Die Originalausgabe mit dem Titel JOURNEYS erschien zuerst in Großbritannien
in der Edition 360 Degrees, einem Imprint von Caterpillar Books
in der Little Tiger Group, London. www.littletiger.co.uk

Text: Jonathan Litton
Text copyright © 2017 Caterpillar Books
Illustrationen: Chris Chalik, Dave Shepherd, Jon Davis, Leo Hartas
Illustrations copyright © 2017 Caterpillar Books
Übersetzung aus dem Englischen: E.M. Hofmann
Alle Rechte vorbehalten
ISBN 978-3-96185-004-4
Printed in China · CPB/1800/0662/0917
2 4 6 8 10 9 7 5 3 1
www.360grad-verlag.de

WELTENTDECKER

JONATHAN LITTON

Illustrationen von

CHRIS CHALIK • DAVE SHEPHERD
JON DAVIS • LEO HARTAS

Aus dem Englischen von
E.M. HOFMANN

REISEN der MENSCHEN

Das Reisen liegt den Menschen in den Genen – es scheint fast so, als wären wir zum Reisen geboren. Wir ziehen über den gesamten Planeten und entdecken dabei Erstaunliches. Als es noch die Jäger und Sammler gab, mussten diese ihre tägliche Reise vor allem deshalb unternehmen, um Essen zu finden. Dann, vor etwa 200 000 Jahren, begann der Mensch, die Erde zu erkunden und aus Afrika auszuwandern. Und während der folgenden Jahrhunderte machte er sich zu Fuß oder zu Wasser auf den Weg und ließ sich in fast allen Ecken der Welt nieder.

Man sagt, der Mensch wurde „sesshaft", weil er Höfe baute und Dörfer und Städte, aber die Wander- und Reiselust hat ihn nie verlassen. Menschen aus der ganzen Welt, aus fast allen Nationen und Generationen fühlten und spürten das Verlangen zu reisen. Die großen Entdecker der Welt kamen aus aller Herren Länder. Dieses Buch erzählt die Geschichten der großen Entdecker!

Es erzählt von Aborigines, die teils noch heute durch das Land wandern und Lieder zur Orientierung singen, von Polynesiern, die ein Königreich aus Inseln erschufen, von den Mongolen, die ihr Leben auf dem Rücken der Pferde verbrachten, vom berühmten Afrikaner namens Hannibal, der auf einem Elefanten ritt – ganz verschiedene Fortbewegungsmethoden wurden in der Geschichte von den Forschern und Weltentdeckern genutzt, je nachdem, in welcher Region der Erde sie unterwegs waren.

In jüngerer Zeit wurden sogar unsere Pole immer mehr zu Orten für wagemutige Entdecker, genauso wie Berggipfel. Nur weit oben irgendwo im Himmel scheint es eine Grenze zu geben. Kann der Mensch fliegen? Klar. Aber wie weit? Und was ist mit Reisen ins Weltall? Nicht die Technik allein setzt die Grenzen, sondern auch die Vorstellungskraft der Menschen – wenn wir erstmal zu träumen wagen, dann kann es passieren, dass wir uns unsere Träume erfüllen. Aus diesem Grund handelt dieses Buch von Träumern und Machern und natürlich von den wundervollen Geschichten, die sie in fernen Ländern erlebt und weitererzählt haben.

INHALT

„Wenn ich Land finde, kehre ich zurück und erzähle es euch."

~ *Leif Eriksson*

WASSER

Reisen auf dem Wasser sind gefährlich – es gibt Stürme, Schiffbruch, Haie und Piraten und viele Gefahren mehr. Aber es lohnt sich, auf dem Wasser zu reisen – denn dabei werden riesige Entfernungen überwunden, und wenn man dann Land entdeckt, gibt es Nahrung, Unterschlupf, vielleicht ein neues Zuhause, man lernt neue Städte und Länder und exotische Waren kennen. Schon seit frühester Zeit sind die Menschen Schiffbauer, und zu allen Zeiten gab es diese Unberechenbarkeit und diese Aufregung auf dem Wasser, egal ob die Menschen mit einem Kanu oder Segelboot, mit einem Ruderboot oder Dampfschiff gereist sind.

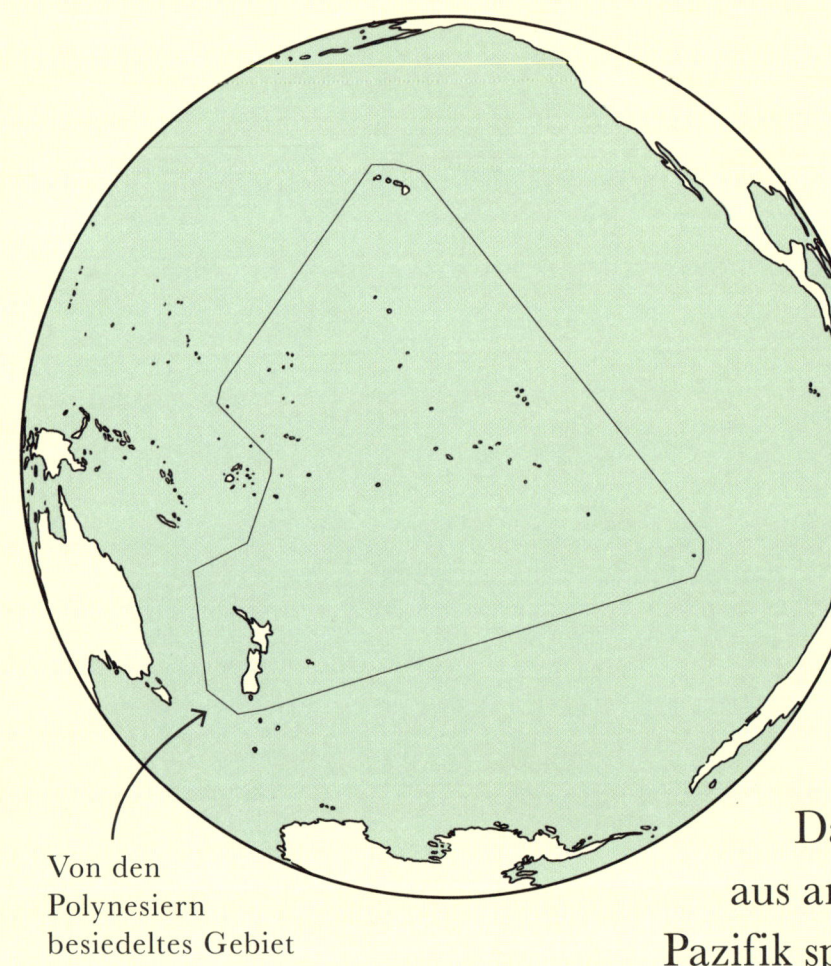

Von den
Polynesiern
besiedeltes Gebiet

HERREN
der
MEERE

Vor langer, langer Zeit haben Polynesier winzige Inseln im Pazifischen Ozean entdeckt und auch besiedelt. Sie besaßen nur begrenzte technische Möglichkeiten und hinterließen auch keine schriftlichen Berichte, so dass wir die genauen Daten nicht kennen. Aber Wissenschaftler haben ihre Geschichte aus archäologischen Funden und dem Wissen über die Kulturen im Pazifik später zusammengestellt.

EINE WELT AUS INSELN

Es ist einfach unglaublich, dass die Polynesier tatsächlich diese winzigen kleinen Fleckchen Erde in diesem riesengroßen Weltmeer gefunden haben. Sie verwendeten nämlich nur kleine Auslegerboote mit großen Segeln und navigierten mit Hilfe von Sonne, Mond und Sternen. Außerdem halfen ihnen Seevögel, denn die verhalten sich in Landnähe anders als zum Beispiel Fische, Wale oder Delfine.

Obwohl sie keine Schrift beherrschten, haben die Polynesier fantastische Landkarten aus Kokosnussbäumen geflochten, auf denen man die Inseln und die Meeresströme gut erkennen kann.

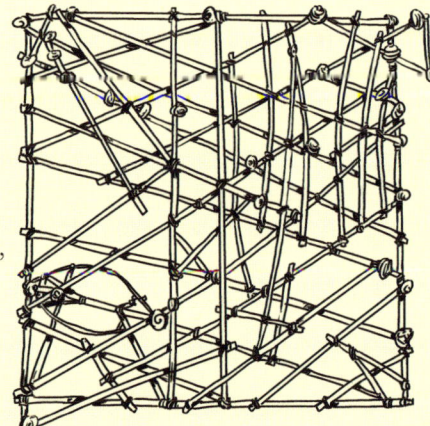

SUPERSTARS DER MEERE

Ui-te-Rangiora, eine Sagengestalt aus Polynesien, soll im 7. Jahrhundert angeblich bis südlich von Neuseeland gesegelt sein. Er sah dort „Felsen, die aus dem Meer wuchsen" sowie „neblige, dunstige, dunkle Orte, wo nie die Sonne hinkommt". Ist es möglich, dass er als Erster den Südpol gesehen hat?

REISEN NACH NORDEN

Reisen im Altertum bleiben immer etwas rätselhaft, weil es keine schriftlichen Quellen von den Reisenden selbst gibt. Wie viel ist also wahr und was ist erfunden? Über die beiden folgenden Reisenden wissen wir, dass sie weit nach Norden gereist sind. Ihre Erzählungen stimmen mit unserem heutigen geographischen Wissen überein – so lebt ihre Legende weiter.

PYTHEAS, DER GRIECHE, UND DAS LAND THULE

Pytheas war ein griechischer Seefahrer, der etwa 350 v. Chr. in Frankreich geboren wurde. Er hatte von einem Land gehört, in dem es Zinn geben sollte und entschloss sich, selbst dorthin zu reisen. Bei diesem Land handelte es sich um Cornwall in Südengland. Pytheas umsegelte die gesamte Küste Britanniens und hat sie auch vermessen. Leider unterlief ihm bei Schottland ein großer Fehler, so dass er das Land falsch aufzeichnete. Die Bewohner erzählten ihm von einem Land, das noch weiter im Norden lag und Thule genannt wurde; so machte sich Pytheas erneut auf und fand ein Land, wo die Sonne fast nie unterging und das Meer voller Eis war. War das vielleicht Island?

ST. BRENDAN UND DIE INSEL DER SCHAFE

Ein weiterer Entdecker der Meere im Norden war der irische Mönch Brendan. Im 6. Jahrhundert n.Chr. hat er sich mit einer kleinen Mannschaft auf den Weg gemacht, um den Garten Eden zu finden. Auf dieser Reise begegnete ihm ein gewaltiges Seeungeheuer, das Wasser spuckte – damit beschrieb er vermutlich einen riesigen Walfisch. Er landete auf einer Insel, die man Insel der Schafe nannte und wir vermuten, dass es sich dabei um die Färöer-Inseln handelte, denn ihr heutiger Name bedeutet Insel der Schafe in der Landessprache. Auf der Insel wuchsen keine Bäume, und es war sicher nicht der Garten Eden, aber entstanden ist ein fantastischer Reisebericht, der noch 1500 Jahre später erzählt wird. Und Brendan wurde sogar zum Schutzpatron für Wale und Delfine!

Wappen der Färöer

„Fürchtet euch nicht, Brüder, Gott ist mit uns als Helfer, als Seemann und als Pilot."
~ ST. BRENDAN

REISEN NACH SÜDEN

Hinter den Säulen des Herakles – einer Felsformation vor der westlichen Einfahrt ins Mittelmeer an der Straße von Gibraltar – lag das große Unbekannte. Nur die mutigsten Seefahrer wagten sich mit ihren Schiffen dahin, um im Süden die afrikanische Küste zu erkunden …

HANNO, DER SEEFAHRER

Hanno aus Karthago (das liegt im heutigen Tunesien) wurde zu seiner Zeit zur Legende (etwa 500 v.Chr.). Er segelte die afrikanische Küste entlang nach Süden, ließ neue Dörfer und Städte bauen und berichtete von Begegnungen mit Einheimischen und Gorillas. Er hat sogar einen Vulkanausbruch überlebt und schlief auf einer rätselhaften Insel. Auch wenn sein Bericht nur ganze 18 Zeilen lang ist, so lieferte er doch fast 2000 Jahre lang einen der wenigen schriftlichen Nachweise über diese Region im Süden.

SATASPES AUS PERSIEN

Sataspes wurde eigentlich wegen einer Entführung zum Tode verurteilt, aber seine Mutter bat und bettelt um eine andere Bestrafung – also sollte er ganz Afrika umsegeln. Sataspes brach dann aus seiner Heimat Persien (Iran) auf und man gab ihm in Ägypten Schiffe und eine Mannschaft. Er segelte zunächst durch das Mittelmeer, vorbei an den Säulen des Herakles, umrundete die Westküste Afrikas und fuhr dann weiter nach Süden. Nach ein paar Monaten berichtete Sataspes, er habe Zwerge gesehen, die sich Kleider aus Palmblättern machten. Es ist gut möglich, dass das die Pygmäen waren, die noch heute in den Wäldern Westafrikas leben. Sataspes musste schließlich umkehren und wurde dann bei seiner Rückkehr doch umgebracht, denn er hatte die Reise nicht beendet.

VORDERER ORIENT

AFRIKA

„Dort sah ich Zwerge,
die ihre Kleidung
aus Palmblättern
machten."

~ *SATASPES*

REISEN NACH OSTEN

Um etwa 200 v. Chr. wollte der Kaiser von China das Geheimnis ewigen Lebens finden. Er schickte einen mutigen Seefahrer los, der auf eine 11 Jahre dauernde, lange Reise ging, von der er schließlich zurückkehrte. Er berichtete, ein riesiges Seeungeheuer hätte seinen Weg blockiert, und deshalb bräuchte er Chinas beste Bogenschützen, um es zu besiegen …

EINE UNGEWÖHNLICHE INSEL

Viele Chinesen glaubten, dass es in den östlichen Meeren eine Insel gäbe, auf der man das Geheimnis der ewigen Jugend finden würde. Dort nämlich würden sich die Unsterblichen treffen und man könne von dort das Geheimnis der ewigen Jugend mitbringen. Die Insel sei jedoch von Wolken umgeben und könne sogar zeitweise untertauchen, damit man sie nicht findet.

DIE ERSTE REISE ZUR INSEL DES EWIGEN LEBENS

Kaiser Qin Shi Huang ('Tschin Schi Huang') rief sein Volk auf, diese Insel zu finden. Ein sehr erfahrener Seefahrer mit dem Namen Xu Fu ('Schu Fu') wurde zum Leiter der Expedition ernannt und mit fast 3000 Leuten losgeschickt. Sie alle sollten vom Geheimnis des ewigen Lebens profitieren. Die Flotte aus Bambusschiffen segelte los und Xu Fu benutzte die Sterne als Wegweiser.

DIE ZWEITE UND DRITTE REISE

Nach einigen Jahren kehrte er nach China zurück und berichtete von einem Drachen, der ihm aufgetragen habe, er müsste noch mehr Menschen zu ihm bringen, bevor er die magischen Kräuter herausgeben würde. Der Kaiser stimmte zu und Xu Fu machte sich wieder auf die Reise. Aber dann kehrte er erneut zurück und erzählte, dass ein Seeungeheuer seinen Weg versperrt hatte und er 1000 Bogenschützen brauche, um die Bestie zu besiegen. Erneut erfüllte der Kaiser ihm diese Bitte und wieder segelte Xu Fu davon, aber er kehrte nie zurück.

WAS DANACH GESCHAH

Es wird erzählt, dass Xu Fu nach Japan gelangt ist und dort selbst Kaiser wurde. Und der Kaiser von China? Nun, er starb, als einer seiner Männer ihm einen Trank mit dem angeblichen Elixier des ewigen Lebens reichte …
dieser war leider giftig!

REISEN NACH WESTEN

Die Wikinger reisten mit ihren robusten Langschiffen viele Tausend Meilen von Norwegen bis nach Island, Grönland und sogar bis nach Nordamerika …

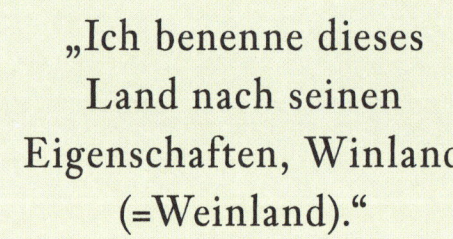

„Ich benenne dieses Land nach seinen Eigenschaften, Winland (=Weinland)."

~ *LEIF ERIKSSON*

DER WIKINGER LEIF ERIKSSON

Es war um 1000 n. Chr., als Leif Eriksson, Sohn Eriks des Roten, in die Fußstapfen seines Vaters trat. Er stellte eine kleine Mannschaft zusammen und überquerte den Atlantik, bis er schließlich in Nordamerika landete – er erreichte zuerst Neufundland bei Kanada. Die Wikinger nannten es Winland, weil es dort fruchtbare Weinberge gab. Leif hat mindestens eine Siedlung in diesem neuen Land gegründet, musste aber nach Auseinandersetzungen mit den Einheimischen wieder nach Grönland zurückkehren.

ERIK DER ROTE

Fünfzehn Jahre vor der Reise seines Sohnes wurde Erik der Rote (benannt nach seinem roten Bart und seinem hitzigen Temperament), aus Norwegen und Island verbannt. Er segelte nach Westen und entdeckte ein Land, das er „Das Grüne Land" (Grönland) nannte, weil es eine so saftig grüne Natur hatte. Dieser wohlklingende Name veranlasste später 500 Männer, ihm mit Nutztieren und Baumaterialien zu folgen. So entstanden dort Dörfer und Städte.

„Die Leute werden sich dorthin gezogen fühlen, wenn das Land einen guten Namen trägt."

~ *ERIK DER ROTE*

EXPEDITIONEN NACH OSTEN

Natürlich sind die Wikinger am meisten für ihre sagenhaften Reisen nach Westen bekannt, aber sie sind in der Tat auch weit nach Osten gesegelt. Sie reisten auf den europäischen Meeren und Flüssen, plünderten oftmals, betrieben aber auch Handel.

EINE NEUE WELT

Europäische Geographen waren sich sicher, dass die Erde rund ist. Also dachten sie, statt nach Osten zu segeln, um Asien zu erreichen, könnte man auch nach Westen segeln. Das taten sie und haben dann „zufällig" Amerika entdeckt, von dem sie ursprünglich annahmen, es sei mit Asien verbunden!

CHRISTOPH KOLUMBUS

1492 konnte der Italiener Christoph Kolumbus den spanischen Hof überzeugen, ihm eine Reise zu finanzieren, um Richtung Westen nach Japan zu segeln. Sein Schiff *Santa Maria* war eines der besten Segelschiffe seiner Zeit. Sie erreichten schließlich Land und trafen das dort lebende Volk der Taino; beide Seiten tauschten auch Geschenke aus. Kolumbus war überzeugt, dass er Asien erreicht hätte und nannte die Menschen Indianer. Tatsächlich war er in der Karibik gelandet, vor dem amerikanischen Festland. Er unternahm noch drei weitere Reisen, hat jedoch nie erfahren, dass er auf einem anderen, einem neuen Kontinent gelandet war!

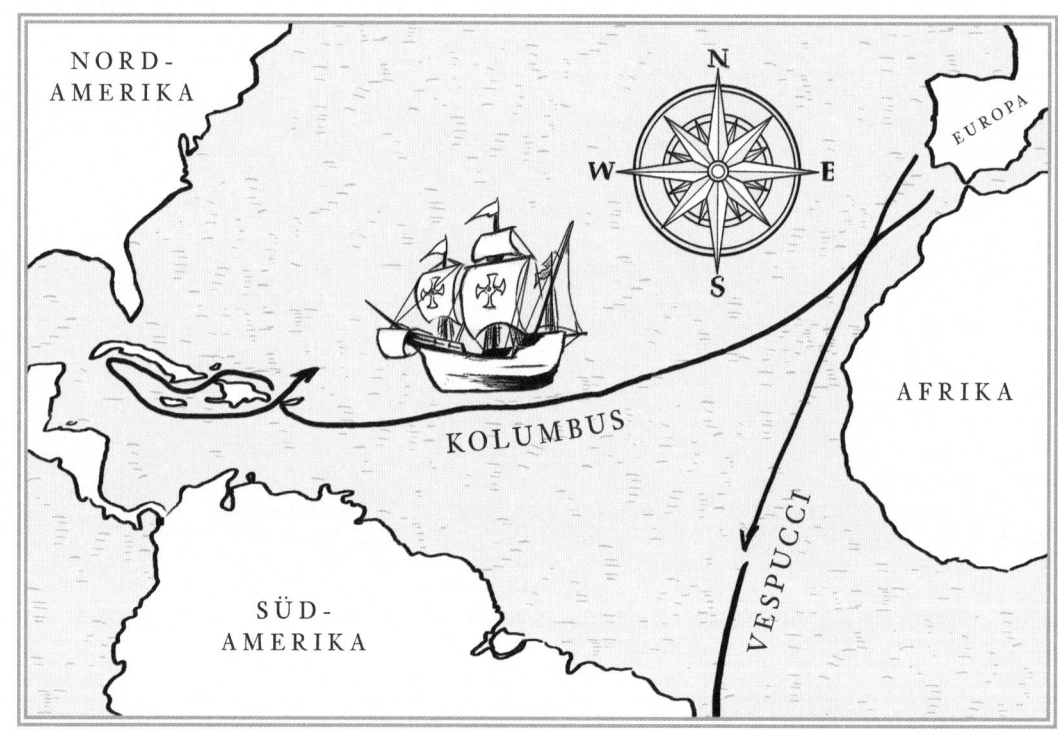

AMERIGO VESPUCCI

Diese Ehre wurde später Amerigo Vespucci zuteil, einem weiteren bekannten italienischen Seefahrer. Zwischen 1497 und 1504 unternahm Vespucci vier Reisen über den Atlantik. Er erkannte, dass die Landmasse viel größer war, als man sie sich bisher vorgestellt hatte. Er segelte an der Küste Südamerikas entlang und entdeckte die Mündungen des Amazonas und des Orinoco. Darüber hinaus erkannte er, dass die „Neue Welt" keineswegs mit Asien verbunden war. Ein Kartenzeichner gab dem Kontinent den Namen Amerika, nach dem Vornamen des Entdeckers.

RUND UM AFRIKA

Für mehr als 2000 Jahre blieb das südliche Afrika ein Rätsel auf den Landkarten. Menschen waren zwar bereits über Land nach Indien gereist, aber gab es auch einen Seeweg dahin, der um die Spitze Afrikas herumführte? Falls ja, könnte man so doch Gewürze transportieren und zu großem Reichtum gelangen … So der Gedanke und Wunsch.

BARTOLOMEU DIAS

1487 begab sich der portugiesische Seefahrer Bartolomeu Dias auf eine Reise rund um Afrika. Dabei umsegelte er auch die Südspitze, was ihm zunächst gar nicht bewusst war. Seine Mannschaft jedoch hatte große Angst und forderte, dass er umkehren solle. Damals sah er das „Kap der Stürme" oder auch Kap der Guten Hoffnung, wie wir es heute nennen.

AFRIKA

BARTOLOMEU DIAS

VASCO DE GAMA

VASCO DA GAMA

Ein Jahrzehnt später segelte ein anderer portugiesischer See-
fahrer nach Süden, um eine Route nach Indien zu finden.
Mit seiner Mannschaft umsegelte er das Kap der Guten
Hoffnung, konnte dort jedoch nicht viel Proviant
aufnehmen, weil die Einheimischen seine
Geschenke nicht mochten. Er setzte seinen
Weg nach Indien trotzdem fort Auf der
Rückreise hat er mehrere Schiffe in einem
Sturm verloren, dennoch hat er auf dieser
Reise mehr als 40.000 Kilometer zurück-
gelegt.

INDIEN

BESTIEN UND PRIESTER

Es gab unzählige Mythen über Afrika: seltsame Bestien, wie sie unten auf den Bildern
zu sehen sind, würden dort leben. Es gab auch die Legende über Priester John – er wäre ein
christlicher Führer, der im Land der Moslems lebe. Einige der Kartenzeichner zeigten ihn daher
in Asien und einige in Afrika – aber sie haben alle nur geraten! Weder Dias noch Da Gama sind
jemals weit genug ins Land gereist, so konnte niemand die Geschichten überprüfen.

Monopode (Mann mit
nur einem Bein)

Panoti (Mann mit
Riesenohren)

Blemmier (Mann ohne Kopf,
mit Gesicht auf der Brust)

Kynokephale (Bellender
Mann mit Hundekopf)

RUND UM DIE WELT

Wer würde als Erster die Erde umrunden? Im 16. Jahrhundert wurde dies schon ernsthaft versucht. Die Menschen waren zu der Zeit bereits um Afrika herum gesegelt und hatten die Südspitze Amerikas gefunden. All diese Weltentdecker brauchten eine gehörige Portion Können und Glück, um Erfolg zu haben. Es gab viele europäische Abenteurer, aber nur wenige wissen, dass es vermutlich ein Asiate war, der als Erster die Welt umsegelt hat …

ENRIQUE

Im Jahr 1511 befand sich der portugiesische Entdecker Magellan im Gebiet von Malaysia, wo er Einheimische zwangsrekrutierte. Unter jenen, die er mit nach Europa nahm, war ein Mann namens Enrique, ein ausgezeichneter Steuermann. Acht Jahre später startete Magellan zu einer großen Entdeckungsreise rund um die Welt, mit Enrique als Navigator an seiner Seite. Dabei erreichten sie auch Cebu auf den Philippinen, nur etwa 125 km von Enriques Heimat entfernt. Magellan legte sich mit den Einheimischen an und wurde ermordet. Enrique hat die Reise ohne seinen Kapitän nicht fortgesetzt – da er jedoch so nahe an seiner Heimat war, könnte es sein, dass er ein anderes Schiff genommen hat und mit diesem die erste Weltumsegelung vollendete.

FRANCIS DRAKE

Francis Drake war das ganze Gegenteil von Enrique – er war ein wohlhabender Engländer und fing und verkaufte Sklaven. Auch er war ein bedeutender Navigator, der sich im Jahr 1577 aufmachte, die Welt zu umrunden. Dabei hat er sich manchmal wie ein Pirat benommen und Schiffe überfallen und seine Feinde zu Tode erschreckt. Er war vielleicht nicht der freundlichste Mensch, aber er war brillant darin, die richtigen Winde zu finden und sein Schiff auf Kurs zu halten. Drei Jahre später kehrte er nach England zurück, wo er wie ein Held gefeiert und zum Ritter geschlagen wurde.

Leider gibt uns die Geschichte keinen Hinweis darauf, dass auch Enrique eine solche Ehre zuteil wurde. Allerdings gibt es eine Statue in Malaysia, die an seine sagenumwobene Reise erinnert.

„Es ist ja nicht so, dass ich das Leben an Land widerlich finde. Aber das Leben auf See ist besser."

~ *FRANCIS DRAKE*

FRANCISCO DE ORELLANA

Auf der Suche nach reichen Vorkommen an Zimt und Gold ist der spanische Entdecker Francisco de Orellana im Jahr 1541 von Quito in Ecuador aufgebrochen. Statt Reichtümer fand er jedoch nur Wasser – Unmengen von Wasser. Also haben seine Männer ein Boot gebaut und anschließend sogar ein noch größeres, mit denen sie dann auf der Suche nach Nahrung flussabwärts gerudert und gesegelt sind. Nach sechs Monaten hatte de Orellana den ganzen Fluss durchreist und den Atlantik erreicht.

ABENTEUER

Große Flüsse verdienen große Geschichten und das trifft auch auf den Amazonas zu. Welche mutigen Entdecker haben es geschafft, seine vielen Windungen und Kurven zu bereisen, ohne von Piranhas, Krokodilen, Moskitos oder anderem Getier getötet zu werden?

AM AMAZONAS

LOPE DE AGUIRRE

Auf der Suche nach Gold am Amazonas trat ein paar Jahre später
ein weiterer Spanier, Lope de Aguirre, in die Fußstapfen von
De Orellana. Auch er fand kein Gold, er konnte aber die gesamte
Länge des Flusses mit dem Schiff durchqueren und erklärte sich
selbst zum König von Peru. Seine Mannschaft meinte allerdings,
er sei verrückt und verließ ihn so bald
sie nur konnte!

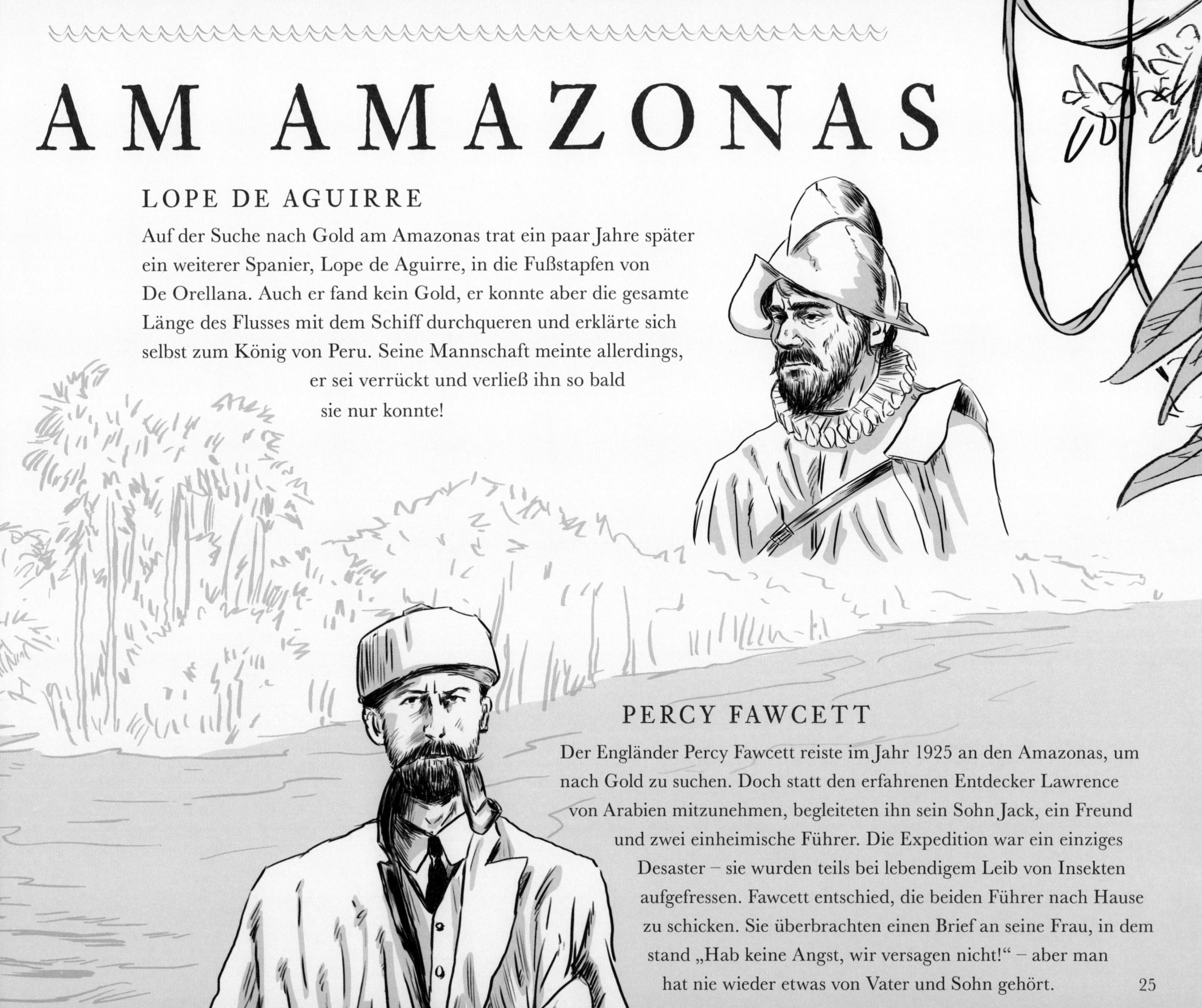

PERCY FAWCETT

Der Engländer Percy Fawcett reiste im Jahr 1925 an den Amazonas, um
nach Gold zu suchen. Doch statt den erfahrenen Entdecker Lawrence
von Arabien mitzunehmen, begleiteten ihn sein Sohn Jack, ein Freund
und zwei einheimische Führer. Die Expedition war ein einziges
Desaster – sie wurden teils bei lebendigem Leib von Insekten
aufgefressen. Fawcett entschied, die beiden Führer nach Hause
zu schicken. Sie überbrachten einen Brief an seine Frau, in dem
stand „Hab keine Angst, wir versagen nicht!" – aber man
hat nie wieder etwas von Vater und Sohn gehört.

25

MEERE DES SÜDENS

Die Meere im Süden sind am weitesten von Europa entfernt und daher ist es nicht verwunderlich, dass diese Region erst relativ spät von Europäern bereist wurde. In den Jahren nach 1640 war es ein Engländer und um 1760 und 1780 ein Holländer, die als erste dorthin kamen. Sie kehrten mit Erzählungen über wundervolle Landschaften und Pflanzen und Tiere zurück – alles ganz anders als das, was die Welt bisher gesehen hatte.

EIN FÄHIGER SEEFAHRER

Die Holländer haben den Entdecker Abel Tasman in die Südsee geschickt, er sollte dort große Reichtümer finden. Er umsegelte Neu-Guinea und Australien und hat eine noch südlichere Insel entdeckt, die nach ihm Tasmanien genannt wurde. Er war der erste Europäer, der Neuseeland erreichte, aber seine Begegnung mit den einheimischen Maori ging nicht gut aus – nachdem beide Seiten sich zunächst angeschrien und dann auf Trompeten ähnlichen Instrumenten getrötet hatten, eröffnete er das Feuer und tötete einige der Einheimischen. Das sorgte dort viele Jahrhunderte lang für großes Misstrauen gegenüber Fremden.

KAPITÄN JAMES COOK

Captain James Cook gehört sicher zu den größten Seefahrern und Navigatoren der Geschichte und hat allein auf seiner ersten Reise mehr als 8000 km unbekannter Küstenlinie erforscht. Er segelte mehrfach südlicher als alle anderen vor ihm, kartierte die Gewässer um Australien, Neuseeland und den Südpazifik und berichtete als Augenzeuge von unzähligen Volksstämmen. Leider gehörte auch er zu jenen, die vieles mit Gewalt durchsetzen wollten, und so provozierte er tödlichen Streit. Er ist als erster Europäer auf Hawaii gelandet, wurde aber von Einheimischen getötet.

„Mein Ehrgeiz führt mich soweit,
wie ich denke, dass ich gehen kann."

~ *Captain Cook*

ÄRGER
IM PARADIES

Es gab früher nur wenige Seekarten von den südlichen Meeren rund um Australien oder Neu-Guinea – diese Gewässer waren bekannt wegen ihrer Haie, Felsen, Riffe, starken Strömungen und des unkalkulierbaren Wetters. Selbst auf den größten Schiffen reiste man mit größter Vorsicht. Daher ist es mehr als verwunderlich, dass zwei Mannschaften sicher durch diese Gewässer kamen und dabei nur mit kleinen Ruderbooten unterwegs waren …

MARY BRYANT

Im späten 18. Jahrhundert wurden verurteilte englische Straftäter nach Australien geschickt. Auch Mary Bryant befand sich auf einem dieser Gefangenenschiffe, nachdem sie wegen Diebstahls verurteilt worden war. Auf der Reise litt sie große Qualen. Als sie ankam, stahl sie ein Boot und fuhr damit 66 Tage lang über das offene Meer. Sie landete schließlich auf Timor, wo sie sich als Schiffbrüchige ausgab. Die Polizei fand jedoch heraus, wer sie wirklich war, und schickte sie nach England zurück – dort wurde ihr die Freiheit geschenkt.

WILLIAM BLIGH

Der Engländer William Bligh war Kapitän der *Bounty*, einem Schiff, das wegen der exotischen Früchte nach Tahiti segelte. Einige Matrosen waren der Meinung, dass Bligh sie immer viel zu schnell bestrafte, so kam es zur großen Meuterei. Bligh und seine wenigen Unterstützer wurden in einem winzigen Boot ausgesetzt. Natürlich waren die Überlebenschancen absolut gering, aber Bligh hat es geschafft, das Boot über mehr als 6500 km durch die Tropen bis nach Timor zu steuern.

West Timor

Thursday Island

Restoration Island (heute Ma'alpiku-Island)

Vanuatu

Fidschi Inseln

Tonga

AUSTRALIEN

„Wenn man sich mit den Meeren auskennt, ist das nicht schlecht für einen Seemann."

~ *WILLIAM BLIGH*

DIE NATURFORSCHER

Es gab zwei ganz große Bewunderer der Natur, die sich auf zwei große Reisen begaben, bei denen sie Pflanzen und Tiere aus tropischen Gebieten zeichneten, katalogisierten und bestaunten. Als sie in ihre Heimatländer zurückkamen, hat sich die Sicht der Dinge auf die Welt dort grundlegend geändert. Die Naturforscher waren Alexander von Humboldt und Charles Darwin.

ALEXANDER VON HUMBOLDT

Der Deutsche Alexander von Humboldt war ein ausgesprochener Pflanzenexperte. Er bereiste zwischen 1799 und 1804 mehrfach Südamerika und entdeckte neue Flüsse, Pflanzen, Tiere und Stämme. Er hielt sich stets genauestens an die Fakten, wenn er über neue Spezies berichtete. Darüber hinaus war er ein hervorragender Zeichner und seine realistischen Darstellungen haben den Weg für künftige Wissenschaftler bereitet. Er war außerdem ein sehr erfolgreicher Autor.

Anguloa Orchidee

Brüllaffe

CHARLES DARWIN

Darwin unternahm mit der *Beagle* eine fünfjährige Weltreise (1831-1836) und bemerkte Unterschiede bei Tieren auf den Galapagos Inseln. Er stellte sich das Tierreich wie Äste eines Baumes vor. Hatten die verschiedenen Arten also gemeinsame Vorfahren? Diese Evolutionstheorie müsste dann ja auch auf Menschen zutreffen – aber in Europa begegnete man seinen Gedanken mit großer Feindseligkeit; erst viel später wurde seine Theorie allgemein akzeptiert und berühmt.

1. Großgrundfink

2. Mittel-Grundfink

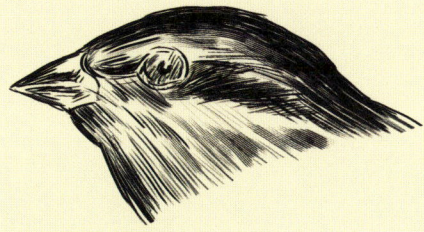

3. Klein-Grundfink

4. Waldsängerfink

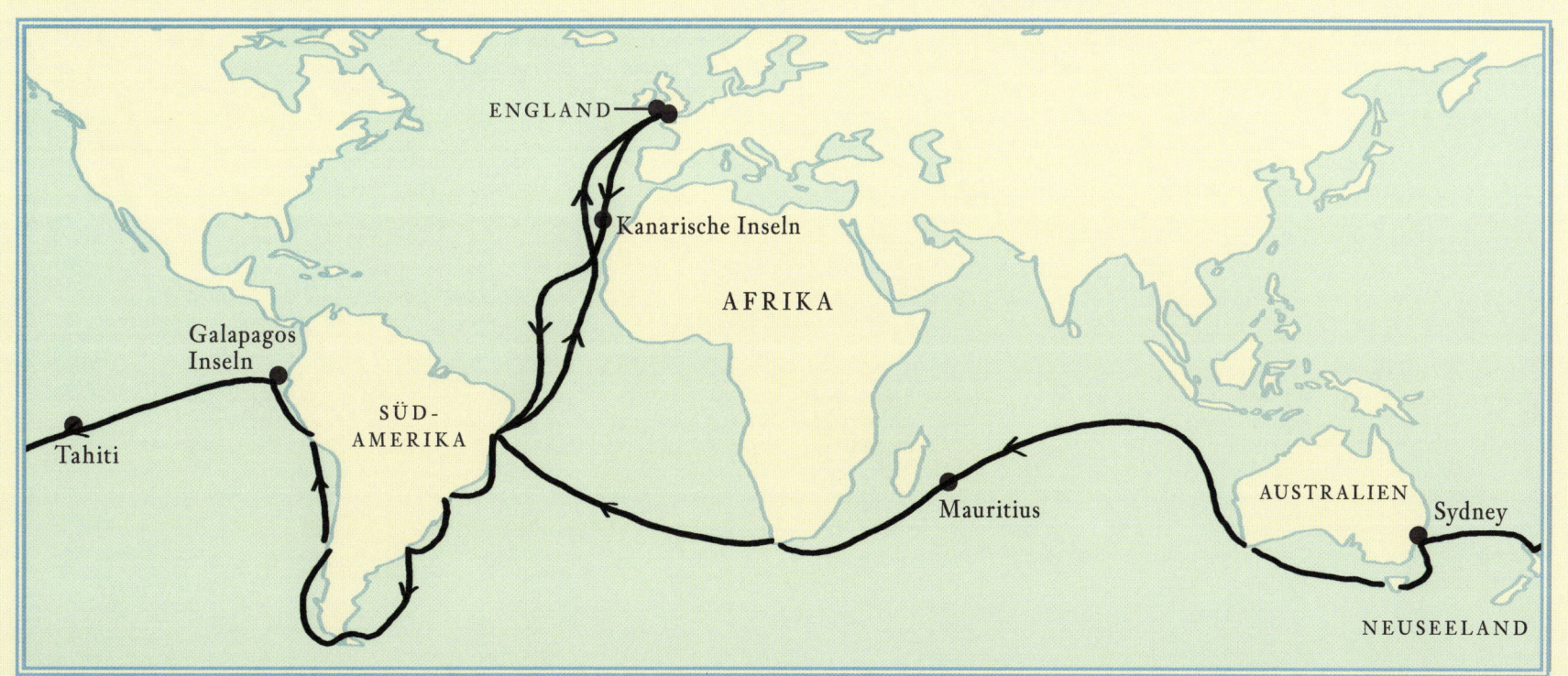

ENGLAND

Kanarische Inseln

AFRIKA

Galapagos Inseln

SÜD-AMERIKA

Tahiti

Mauritius

AUSTRALIEN

Sydney

NEUSEELAND

GROSSE FLÜSSE

Flüsse sind Straßen für Boote und erlaubten es den Abenteuerreisenden, zu unbekannten Orten vorzudringen, die man zu Fuß gar nicht erreicht hätte. Die Reisen konnten jedoch sehr gefährlich und unkalkulierbar sein – es gab tödliche Gefahren wie Stromschnellen, Piranhas, Krokodile oder feindliche Stämme, mit denen man mitunter erst schwierig verhandeln musste …

EIN GROSSES ABENTEUER – DER COLORADO

John Wesley Powell sah genau so aus, wie man sich einen Abenteurer vorstellt: Rauschebart, Forscherhut, und er hatte bei einem früheren Vorfall sogar einen Arm verloren. Außerdem war der Ort für seine Expedition hervorragend gewählt: er war der Erste, der den Grand Canyon und dessen Stromschnellen durchquerte. Das Ganze war eine lebensgefährliche Mission. Als Powell schließlich in die Zivilisation zurückkehrte, sagten alle, sie hätten schon die Hoffnung aufgegeben und es hätten sogar Todesanzeigen in den Zeitungen gestanden …

INS UNBEKANNTE ASIEN – MEKONG UND YANGTSE

Der Franzose Francis Garnier gehörte zu einer Gruppe, die den geheimnisvollen Mekong Fluss in Südostasien erkunden wollte. Dabei handelt es sich um den zwölftlängsten Fluss der Erde, über dessen Geographie bei den Europäern nur wenig bekannt war, weil er durch dichten Urwald fließt. Garnier war zunächst gar nicht so bekannt, aber er erstellte fast alle Zeichnungen, schrieb fast die gesamten Tagebücher und traf schließlich alle Entscheidungen. Gegen Ende der Reise hat man ihn zum Kommandanten ernannt, er befahl seinen Männern dann, auch den Yangtse Fluss in China zu erkunden – den längsten Fluss in Asien.

EINE ENGLÄNDERIN IN AFRIKA – DER OGOOUÉ

Mary Kingsley mag ja vielleicht wie eine typische Frau der viktorianischen Zeit ausgesehen haben, aber sie führte ein bewegtes Leben: sie paddelte durch Sümpfe, kletterte Berge hinauf und überlebte Begegnungen mit wilden Tieren und Kannibalen in der Wildnis Westafrikas. Sie erkundete den Ogooué-Fluss (im heutigen Gabun) mit einem einfachen Kanu, vertrieb ein Krokodil, das dem Boot zu nahe kam mit dem Paddel, kämpfte später mit einem Leoparden und sammelte Proben von neuen Fisch- und Insektenarten. Ihr Buch *Reisen in Westafrika* wurde ein Bestseller.

KON-TIKI

Die meisten Leute waren davon überzeugt, dass die Polynesier aus Richtung
Asien gekommen waren. Nur ein Mann,
Thor Heyerdahl, glaubte, dass sie
möglicherweise auch aus Südamerika hätten kommen
können. Also baute er
ein Floß und verwendete
dabei nur Materialien
und Techniken aus
früherer Zeit. Er wollte
damit seine Theorie
beweisen …

„Warum sich sorgen,
wenn alles gut ist?"

~ *THOR HEYERDAHL*

DIE ABREISE

Thor heuerte fünf Männer und einen Spanisch
sprechenden Papageien an. Er hatte überhaupt keine
Segelerfahrung und konnte nicht mal schwimmen!
Dennoch suchte er sich in Ecuador die fünf stärksten
Balsaholz-Stämme aus und verzurrte sie fest mit-
einander; dann baute er eine Kabine aus Bambus und
deckte sie mit einem Dach aus Bananenblättern ab.
Statt Sekt warfen sie eine Kokosnuss gegen das Floß,
tauften es Kon-Tiki und legten 1947 ab.

DIE OFFENE SEE

Das Leben auf dem offenen Meer war
schwierig, zauberhaft und voller Abenteuer.
Die Männer navigierten mit Hilfe der
Sterne am funkelnden Himmel. Oft lan-
deten während der Nacht fliegende Fische
an Deck und somit mussten sie nicht einmal fischen! Leider verloren sie den
Papagei in einem Sturm, überstanden ihn
aber sonst unversehrt. Nach 101 Tagen auf
dem Meer kamen sie schließlich in Tahiti
an und bewiesen damit, dass es auch mit
alter Technik durchaus möglich war, von
Südamerika nach Polynesien zu gelangen.

„Ich bin bereit, überall hinzugehen, wenn es nur vorwärts geht."

~ DAVID LIVINGSTONE

LAND

Reisen über Land sind sehr anstrengend – oft gibt es große Hindernisse, die man überqueren muss, wie Berge, Wüsten oder Sümpfe, oder es gibt Sprach- und Kulturbarrieren, wenn man weit weg von zu Hause ist. Unsere unerschrockenen Reisenden waren mit Kamelen, Pferden, zu Fuß oder mit anderen Mitteln unterwegs und hatten keinerlei Wegweiser, aber sie erreichten dennoch ihre Ziele. Wir reden hier von mehr als 4500 Jahren, in denen all die Weltentdecker folgendes auszeichnete: ihr Sinn für Abenteuer, ihr Orientierungssinn, der Respekt für Mutter Natur und großer Mut sowie große Entschlossenheit.

FRÜHE REISE-BERICHT-ERSTATTER

Bei vielen frühen Reiseberichten kann man heute nur schwer sagen, welcher Teil wahr und welcher erfunden ist. Denn diese Geschichten wurden wieder und wieder erzählt, bevor sie überhaupt jemand aufgeschrieben hat. Deshalb ist es ein großes Glück, wenn die Reisenden selbst über ihre Unternehmungen geschrieben haben – so haben wir ein viel genaueres Zeugnis davon.

HARCHUF

Der früheste, uns bekannte Reiseerzähler kam aus dem alten Ägypten und lebte im 23. Jahrhundert v. Chr. Er war Gouverneur und wurde, wie viele andere, wohlhabende Leute seiner Zeit, in einem Grab beigesetzt, wo man ihn mit all seinen Schriften bedeckte. In seinen Erzählungen berichtete er über vier wagemutige Expeditionen, die er zu Fuß und mit Booten unternahm und von denen er große Reichtümer aus unbekannten Regionen zurückbrachte. Er besuchte dabei die Gebiete der „Horizont-Bewohner" und fand auch Zwerge, von denen er einen als „Geschenk" für den Pharao mitbrachte.

PETRARCA

Es sollten noch weitere 1500 Jahre vergehen, bevor tatsächlich „moderne" Reiseberichte entstanden. Denn inzwischen reisten viele Leute aus Vergnügen, nicht um Handel zu betreiben oder um Entdeckungen zu machen. Der Italiener Petrarca hat uns einen dieser ersten Berichte hinterlassen, als er im Jahr 1336 den Berg Mont Ventoux in Frankreich bestiegen hat. Er erzählt, dass er den Berg aus reiner Freude an der Aussicht erklommen hat. Diejenigen, die unten blieben, nannte er „frigida incuriositas" (Menschen mit einem großen Mangel an Neugierde)!

ZHANG QIAN

Zhang Qian („Dschang Tschi-an") wurde ungefähr im Jahr 160 v. Chr. in China geboren und war ein großer chinesischer Entdecker und Diplomat sowie ein Schriftsteller. Mit etwa 100 Männern machte er sich 139 v. Chr. auf den Weg nach Westen, jedoch wurde der Trupp von Kriegern der Hunnen gefangen genommen. Erst nach 10 Jahren gelang es ihm, zu entkommen, dann aber setzte er seine Erkundungsreise nach Westen fort. Er hat die ersten schriftlichen Nachweise über die Seidenstraße hinterlassen – einer wichtigen Handelsverbindung zwischen China und Zentralasien.

ÜBER DIE ALPEN

Hannibal war ein General aus Karthago und er hatte einen Plan. Er wollte die mächtigen Römer mit Kriegselefanten angreifen. Es gab nur ein Problem: die Alpen lagen dazwischen. Die große Frage war: Kann eine Gruppe von 40 Elefanten dieses hohe Bergmassiv überqueren?

ZWEI GLADIATOREN

Die Macht Roms wuchs ständig. Aber die Stadt Karthago an der Küste Nordafrikas war ebenfalls mächtig – man hatte bereits mehrere kleine Inseln vor der Küste Italiens eingenommen, die eigentlich Rom beanspruchte. Beide Mächte wurden sich einfach nicht einig und so gab es Krieg. 20 Jahre lang wurde erbittert gekämpft, aber keine Seite gewann. Zwar entspannte sich die Situation ein wenig, aber irgendwie erwartete jeder einen zweiten Krieg. Die Kriegsparteien konnten sich nicht einfach die Hände reichen – so funktionierte der Frieden nicht.

ANGRIFF UND VERGELTUNG

Hannibal stieg bei den Karthagern zu einem großen General auf. Er eroberte viele Städte in Spanien und bediente sich unzähliger Tricks, zum Beispiel warf er lebende Schlangen auf die Schiffe der Feinde, um sie zur Aufgabe zu zwingen. Bei den Römern war dieser große Gladiator verhasst und sie entschlossen sich, seine Heimatstadt Karthago anzugreifen. Hannibal war zu dieser Zeit in Spanien und konnte Karthago nicht verteidigen, also entschied er, es sei das Beste, Rom anzugreifen. Zu diesem Zweck musste er aber die verschneiten Alpen überqueren …

ELEFANTEN IN DEN ALPEN

Um 220 v. Chr. marschierte Hannibal im Herbst mit 40000 Mann, 8000 Pferden und 40 Kriegselefanten los in Richtung Berge. Kaum jemand glaubte an seinen Erfolg. Die Hälfte seiner Männer und Tiere starb dann auch durch die Eiseskälte. Doch die andere Hälfte schlug sich durch und die tobende Herde Elefanten war für die Feinde ein schrecklicher Anblick. Konnte Hannibal also den Krieg gewinnen? Nein, das nicht – seine Männer hatten auf der beschwerlichen Reise trotzdem eine Heldentat vollbracht. Dennoch war es eine unglaubliche Reise, sie zeigte den Römern, dass Außergewöhnliches möglich war.

„Entweder finde ich einen Weg oder ich mache mir einen."

~ *HANNIBAL*

WEIT, WEIT IM OSTEN

Auch Asien war für die Europäer voller Geheimnisse und Mythen. Kaum jemand wusste, was tatsächlich am anderen Ende des Eurasischen Kontinents vor sich ging. Klar war nur, dass ein paar furchtlose Mongolen-Krieger die halbe Welt erobert hatten. Wer besaß also den nötigen Mut, um diese fernen Ländern zu erkunden?

MARCO POLO

Marco Polo entstammte einer Kaufmanns-familie und wurde 1254 in Venedig geboren. Sein Vater und der Onkel befanden sich lange auf Geschäftsreise in Asien und lernten Marco erst kennen, als er bereits 15 war. Sie luden ihn zwei Jahre später zu ihrer nächsten großen Reise ein. Gemeinsam sind sie dann in 24 Jahren erstaunliche 15000 Kilometer gereist und über-brachten Nachrichten aus den entferntesten und unbekanntesten Gebieten Asiens. Marco war vom Schwarzen Meer nach Zentralasien, Indien, Sri Lanka und China gereist. In Venedig wurde er ins Gefängnis gesperrt; dort schrieb er seinen Bestseller *Die Wunder der Welt*, in dem er über seine fantastischen Reisen berichtete.

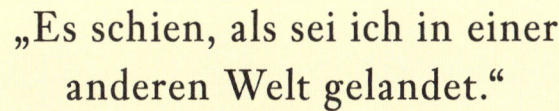

„Es schien, als sei ich in einer
anderen Welt gelandet."

~ *Friar William (=Wilhelm von Rubruk)*

WILHELM VON RUBRUK

Der Papst sandte im Jahr 1248 Wilhelm von Rubruk aus Flandern (Belgien) in die mongolische Hauptstadt Karakorum, damit er dort die Stammesführer zum Christentum bekehren sollte. Wilhelm ritt viele Hundert Kilometer auf dem Rücken eines Esels und übernachtete bei den Einheimischen in deren Zelten. Er beobachtete sie sehr genau und notierte sich unter anderem, dass sie gerne milchigen Alkohol tranken, während er lieber Kekse aß. Als er schließlich in Karakorum ankam, fand er zu seiner Überraschung sowohl eine Stadt mit großen Gebäuden als auch Nomadenzelte vor – ebenso sah er Gefangene und freie Menschen aus allen Teilen der Welt. Mit dem Führer der Mongolen hatte er eine lange Diskussion über Religion. Die Mongolen hatten jedoch bereits die halbe Welt erobert und wollten keinen weiteren Gott, der ihnen Ratschläge gibt.

IBN BATTUTA

Im Jahr 1325 brach ein junger Mann aus seiner Heimat Marokko zu einem *Hadsch* auf, das ist die Pilgerreise, die Muslime einmal in ihrem Leben nach Mekka machen sollen. Immer mit dem Ziel Mekka vor Augen bereiste er in über 24 Jahren unzählige Länder und wurde so zum wohl größten Reisenden der Welt.

DER HADSCH

Ibn Battuta entstammte einer wohlhabenden Familie. Als er zu seinem *Hadsch* aufbrach, wollte er während der Reise viele neue Orte besuchen und studieren. Er war in Tunis, Kairo, Alexandria, Jerusalem und Damaskus und hat nie den gleichen Weg zwei Mal benutzt. In Mekka traf er dann auf Pilger aus aller Welt und beschloss, diese fremden Länder auch selbst zu besuchen.

IMMER WEITER

Von Mekka durchquerte er die Wüste bis nach Bagdad. Dann segelte er nach Mombasa, von wo er wieder in den Vorderen Orient und an das Schwarze Meer reiste. In Konstantinopel erhielt er vom byzantinischen Kaiser ein Pferd, einen Sattel und einen Sonnenschirm. Damit reiste er weiter nach Zentralasien, durch Afghanistan und bis nach Indien.

ICH WERDE DER RICHTER SEIN!

In Indien und auf den Malediven fragte man Ibn Battuta, ob er als Richter fungieren könnte, denn er besaß eine islamische Schulbildung und hatte große Erfahrung in der Welt gesammelt. So verbrachte er acht Jahre an verschiedenen Gerichten und lernte über 40 Staatsoberhäupter während seiner Reisen kennen. Er kam sogar bis nach China – damit verließ er zum ersten Mal die muslimische Welt – leider widerfuhr ihm dort großes Unglück, denn sein Schiff mit den Schätzen für den Kaiser ging unter.

RÜCKKEHR UND SCHRIFTEN

Im Jahr 1349 kehrte er zunächst wieder nach Hause zurück. Aber schon bald ging er erneut auf Reisen in das islamische Spanien und in die alte Wüstenstadt Timbuktu, von wo er 1354 zurückkam. Dann entschied er, ein Buch über seine Reisen zu schreiben. Er gab ihm den Titel *Geschenk für Beobachter, über kuriose Städte und Wunder auf Reisen*; es wurde jedoch allgemein als *Die Reisen* bekannt. Ein wirklich erstaunliches Buch von einem erstaunlichen Autor, der viel gesehen hat.

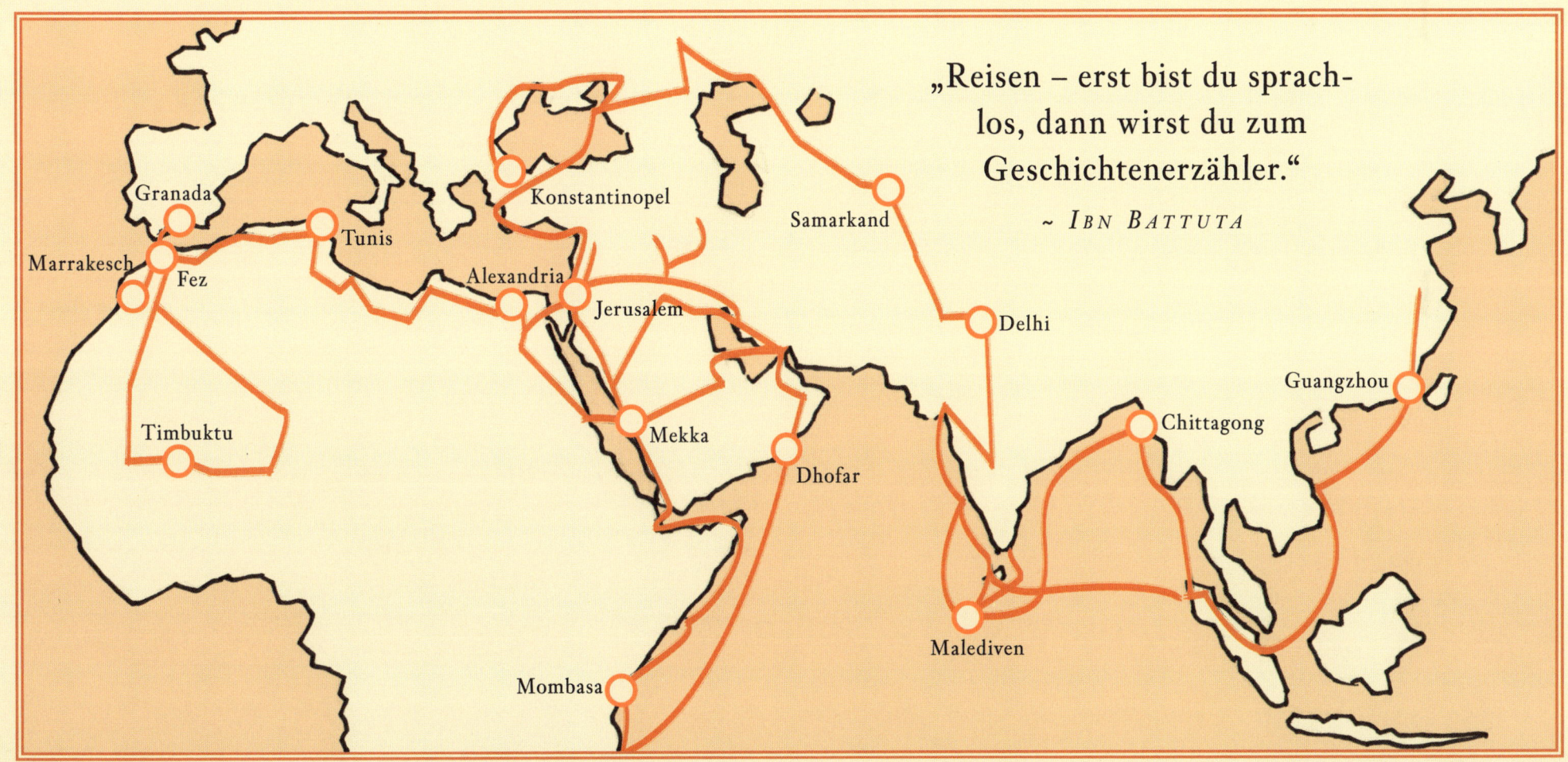

„Reisen – erst bist du sprachlos, dann wirst du zum Geschichtenerzähler."

~ *IBN BATTUTA*

Granada · Konstantinopel · Samarkand · Marrakesch · Fez · Tunis · Alexandria · Jerusalem · Delhi · Guangzhou · Timbuktu · Mekka · Chittagong · Dhofar · Malediven · Mombasa

NACH TIMBUKTU

Im Herzen Westafrikas liegt eine wunderschöne Stadt, die aus Lehm gebaut wurde. Für ihre Bewohner war sie einst ein wohlhabendes Zentrum für Handel, Handwerk und Bildung. Für die Außenwelt jedoch war sie fast unerreichbar, denn sie lag mitten in der Sahara. Auf Grund ihrer Geschichte durften die Stadt nur Muslime betreten. Erst im 18. und 19. Jahrhundert versuchten Europäer, sie zu erreichen. Und viele von ihnen ließen dabei ihr Leben …

„Ich bin ein Sohn der Straße, mein Land ist die Karawane, mein Leben eine völlig unvorhersehbare Reise."

~ *Leo Africanus*

LEO AFRICANUS

Joannes Leo Africanus (auch bekannt als „al-Ḥasan b. Muḥammed al-Wazzān al-Fāsī") gehörte zu den ersten Ausländern, die die Stadt Timbuktu jemals erreichten. Er wurde 1494 im damals islamischen Spanien geboren und wurde Diplomat und Geograph. Er reiste durch Afrika, Europa und den Vorderen Orient. In seinem Buch *Eine Beschreibung von Afrika* sagt er, dass die Einwohner von Timbuktu sehr reich sind: ‚statt Münzen verwenden sie Goldnuggets.'

ALEXANDER GORDON LAING

Im Jahr 1825 machte sich ein entschlossener Schotte auf den Weg nach Timbuktu. Er hatte sich zuvor schlau gemacht, wo die Quelle des Flusses Niger lag und besaß so eine Art Kompass für einen Entdecker Afrikas. Er durchquerte also die Wüste Sahara mit verschiedenen Kamel-Karawanen und ortsansässigen Führern. Es ging alles gut, bis er in einen Kampf mit Einheimischen verwickelt wurde und dabei seinen rechten Arm verlor. Halbtot erreichte er Timbuktu, wurde dann jedoch ermordet, bevor er seinen Reisebericht verfassen konnte.

RENÉ CAILLIÉ

Zwei Jahre später brach der Franzose Rene Caillie auf. Er verkleidete sich als Ägypter und konnte so auch wieder nach Hause zurückkehren. Er reiste ebenfalls mit Kamelen in einer Karawane bis zu einer Stadt am Fluss Niger. Dort bezahlte er einen Bootsführer, und dieser brachte ihn nach Timbuktu. Im Gegensatz zu Laing konnte Caillie von seiner Reise berichten, und er erhielt 10000 Francs sowie eine Medaille, als er wieder nach Frankreich zurückkehrte.

DER WILDE, WILDE WESTEN

Der amerikanische Westen war eigentlich eine riesige Wildnis mit Bergen, Wäldern, Wüsten und großen Ebenen. Die Amerikaner Lewis und Clark machten sich auf den Weg, sie wollten die vielen Lücken in den Landkarten füllen. Die bedeutendste Reisende in ihrer Gruppe war jedoch eine Ureinwohnerin Nordamerikas mit dem Namen Sacagawea …

1. LEWIS UND CLARK

Auf Einladung von US-Präsident Thomas Jefferson nahm Meriwether Lewis an einer Expedition durch den amerikanischen Westen teil. Lewis war damals erst 29 und hatte nur wenig Erfahrung, daher sprach er seinen früheren Vorgesetzten in der Armee, William Clark, an und schlug ihm vor: lass uns beide für die Expedition zuständig sein, und zwar gleichrangig.

2. SACAGAWEA

Die Entdecker erreichten schon bald sehr entlegene Gebiete. Eine Indianerin vom Stamm der Schoschonen schloss sich mit ihrem Baby der Gruppe an und konnte den Reisenden oftmals sehr gut helfen. Denn die Leute fürchteten die weißen Männer nicht, sondern sahen, dass diese in friedlicher Absicht kamen, weil ja Sacagawea und ihr Baby dabei waren.

3. VIEL LOS IN DER WILDNIS!

Im Laufe ihrer Reise hat Sacagawea die Gruppe auch durch die Wildnis geführt. Sie nutzte dabei die Gebärdensprache, um sich mit den Einheimischen zu verständigen – eine universelle Handzeichensprache. Lewis und Clark erkannten, dass die Wildnis eigentlich voller Leben war – sie trafen auf viele Lager von Indianern und hatten 62 Begegnungen mit Grizzlybären – keiner von denen tat ihnen etwas zuleide!

4. VON OZEAN ZU OZEAN

Schließlich fanden die Forscher sogar den Schoschonen-Stamm, zu dem Sacagawea gehörte. Sie erhielten Pferde und Proviant. Leider ging ihnen dann bei der Überquerung der Rocky Mountains das Essen aus und sie überlebten nur, weil sie ihre Pferde aßen. Sie setzten die Reise auf dem Fluss fort und erreichten schließlich den Pazifischen Ozean – damit hatten sie den kompletten Kontinent durchquert!

EIN GEFÜHL FÜR DIE WELT

James Holman ist in seinem Leben mehr als 400.000 Kilometer gereist – das ist mehr als zehn Mal rund um die Erde. Dieser Rekord hatte für mehr als hundert Jahre Bestand – damit ist der Brite zweifellos einer der größten Reisenden in der Geschichte. Er war übrigens völlig blind.

SCHLECHTE VORAUSSETZUNGEN FÜR EINEN REKORD

Holman war nicht nur blind – er litt auch sehr unter Rheuma mit fürchterlichen Schmerzen in den Beinen. Manchmal kam er gar nicht aus dem Bett und oftmals musste er mit einem Stock durch die Gegend humpeln. Seine gesundheitlichen Probleme begannen während seiner Zeit in der Marine. Er wurde schließlich als 'Ritter der Marine' in seine Heimat zurückgebracht – wo man sich im Windsor Castle um den kranken Seemann kümmerte. Aber diese Art der Betreuung gefiel Holman überhaupt nicht und er sagte seinem Arzt, er müsse nach Frankreich wegen der frischen Luft und der Sonne.

EUROPA

Anstatt nun aber eine luxuriöse Überfahrt zu nehmen, reiste Holman 1819 mit der ganz normalen Fähre, dann hielt er Pferdefuhrwerke und Kutschen an und reiste damit weiter über Land. Er sprach nicht ein einziges Wort Französisch! Ihm gefiel diese Art zu reisen und er genoss die vielen neuen Eindrücke. Manchmal band er ein Seil an die Kutsche und hielt sich daran fest; dann rannte er hinter der Kutsche her, als Training! Später beschloss er, auch Italien, die Schweiz, Deutschland und Holland zu bereisen.

RUSSLAND

Irgendwann war ihm Europa nicht mehr genug – Holman wollte um die ganze Welt reisen. Nur wenige glaubten, dass Holman eine solche Reise auf den schlechtesten Straßen der Welt machen könnte. Die Russen haben über seine Pläne gelacht, als er in Moskau und St. Petersburg ankam; er jedoch kaufte sich einen kleinen Wagen und fand einen Fahrer – und dann ging es durch Sümpfe und Eis. Er hörte Gefangene schreien und wilde Bären. In Sibirien wurde er unter dem Verdacht, ein britischer Spion zu sein, festgenommen. So war er gezwungen umzukehren.

UM DIE WELT

Aber natürlich fand Holman andere Wege. Er segelte also nach Afrika, Südamerika, Sri Lanka, China und Australien und konnte sich immer wieder aufs Neue für jeden Ort begeistern. Er besuchte auch Gefängnisse, inspizierte Minen und eröffnete neue Gebäude. Um sich vor der Crew des jeweiligen Schiffes zu beweisen, kletterte er jedes Mal den Mast bis zur Spitze empor – und keiner der Matrosen konnte sich vorstellen, so etwas blind zu tun! Er schrieb damals viele Bestseller über seine Reisen, aber leider ist er heute fast vergessen, obwohl er so Großes geleistet hat.

DIE WÜSTE SAHARA

Große Abenteurer brauchen große Orte, die sie erforschen können – und was wäre eine größere Herausforderung als die Sahara?! Dort herrschte ein raues Klima und die Einheimischen standen Fremden sehr feindselig gegenüber. Aber Heinrich Barth war kein gewöhnlicher Entdecker …

1. EIN VÖLKERKUNDLER

Heinrich Barth wurde 1821 in Deutschland geboren und fremde Kulturen faszinierten ihn schon seit frühester Jugend, ganz im Gegensatz zu anderen Afrika-Forschern, die sich eher für Landkarten, Ehre, Gold, Kolonien oder gar Sklaverei interessierten. Er lernte mehrere Sprachen, bevor er nach Afrika aufbrach. Sein offizieller Auftrag lautete, Bevölkerung und Orte in den weiten Gebieten der Zentralsahara und im Sudan zu katalogisieren – das war ein Traumjob für Barth.

2. DER EINSAME REISENDE

Barth reiste nur mit zwei anderen Personen, aber diese erkrankten und starben, und so setzte Barth seine Reise alleine fort. In mehr als fünf Jahren hat er in den entferntesten Regionen Afrikas über 16000 Kilometer zurückgelegt. Er erkundete Handelswege, die mit Kamelen bereist wurden, Oasenstädte, lernte Viehzucht und das Zeltleben der Tuareg Nomaden kennen. Sein Vollbart war für die Nordafrikaner sicher ein äußerst merkwürdiger Anblick!

3. GLEICHGESINNTER FREUND

Barth war stets bereit, mit den Einheimischen ins Gespräch zu kommen; so konnte er viel mehr erfahren und lernen. In Timbuktu wurde er sogar vom König empfangen. Überall, wo er hinkam, schloss er Freundschaften und behandelte alle als ebenbürtig – ganz anders als die übrigen europäischen Reisenden zu dieser Zeit. Er sprach fünf afrikanische Sprachen fließend und konnte sich in ungefähr zwölf anderen verständlich machen.

4. „DR. BARTH, NEHME ICH AN?"

Da er oft viele Monate in entlegenen Gegenden unterwegs war, konnte er nur schwer Nachrichten nach Europa schicken. Nach einer langen Phase ohne eine Meldung von ihm nahm man an, dass er gestorben sei und es wurde ein Suchtrupp organisiert. Barth war völlig überrascht, als er einen Europäer traf, der nach seinem Grab suchen sollte! Wir stellen uns vor, wie er mit den Worten „Dr. Barth, nehme ich an?" am Ende seiner grandiosen Abenteuer begrüßt wurde!

51

DER PONY-EXPRESS

Der Wilde Westen war eigentlich eine überdimensional große Wildnis. Dort gab es unzählige Gefahren wie Blizzards, Sandstürme oder Kopfgeldjäger, aber es zog die Abenteurer immer wieder dorthin, auch wegen Anzeigen wie dieser:

„GESUCHT: Erfahrene Reiter, die jeden Tag ihr Leben aufs Spiel setzen wollen ...“

DEN KONTINENT ÜBERQUEREN

Beim Pony-Express handelte es sich um eine Art Netzwerk von Pferden und Männern, die die Post durch halb Amerika transportierten, vom Missouri bis nach Kalifornien. Die 3000 Kilometer lange Strecke führte durch viele Gebirge, und man brauchte dafür damals ganze zehn Tage.

JOHNNY FRY VOM PONY-EXPRESS

Alles begann im April 1860. Johnny Fry gehörte zu den ersten Reitern. Er war jung, sportlich und sehr abenteuerlustig. Auf seinem Pferd ritt er durch die Ebenen und übergab dann an den nächsten Reiter. Eine Gruppe von etwa 100 Männern ritt bei Wind und Wetter, der Inhalt der Posttasche war für sie wertvoller als ihr Leben.

BESONDERE LIEFERUNG

Henry Brown wurde 1816 in Virginia geboren. Seine Eltern waren Sklaven, er somit auch, aber er träumte stets von Freiheit. Natürlich wusste er nicht, dass sein Traum irgendwann auf spektakuläre Art wahr werden würde.

EIN LEBEN ALS SKLAVE

Henry Brown arbeitete auf einer Tabakplantage. Der Rücken schmerzte von der schweren Arbeit in großer Hitze; und da war ständig die drohende Peitsche, wenn er nicht hart genug arbeitete. Trotz allem blieb Henry ein Optimist und machte aus allem das Beste. Natürlich mochte er es ganz und gar nicht, ein Sklave zu sein und sehnte sich nach einer Veränderung. Als schließlich seine Frau und seine Kinder an einen neuen Herrn verkauft wurden, wusste er, dass er fliehen musste, auch wenn ihn das das Leben kosten könnte …

DIE GROSSE FLUCHT

Einer seiner Freunde hatte Verbindungen nach Philadelphia, einer Stadt, in der es keine Sklaverei gab. Also schmiedeten sie einen Plan – Henry sollte in einer Holzkiste in die Freiheit geschickt werden! Henry schnitt sich absichtlich in den Finger und ließ sich wegen der schweren Verletzung ein paar Tage von der Arbeit freistellen. Die Holzkiste wurde gebaut – kleiner als ein Sarg – und man schickte Henry los! Er musste 27 Stunden darin eingesperrt verbringen; manchmal stand die Kiste sogar auf dem Kopf, weil die Leute das Schild „hier oben" einfach ignorierten. Schließlich erreichte er Philadelphia, wo er mit einem Dankeslied aus der Kiste kletterte. Endlich konnte er zum ersten Mal überhaupt in Freiheit leben.

EIN KONTINENT

Australien ist derart groß, dass die Menschen es als Kontinent und nicht als Insel ansehen. Um von Süden nach Norden oder von Westen nach Osten zu gelangen, muss man eine gewaltige Reise unternehmen. In der Geschichte sind zwei Gruppen von Menschen überliefert, die diese Anstrengung auf sehr unterschiedliche Weise bewältigt haben.

BURKE UND WILLS

Im Jahr 1860 brach eine Gruppe von 19 Männern mit 27 Kamelen und 23 Pferden in Melbourne auf, um das unbekannte Land von Küste zu Küste zu durchqueren. Als sie im Outback ankamen, entschieden Robert Burke und William Wills, dass ein Team mit vier Leuten versuchen sollte, die nächstgelegene Küste zu erreichen. Die vier mussten ausgedehnte Wüsten durchqueren, bis sie endlich Salzwasser fanden – die Küste Australiens! Als sie zurückkamen, war das Camp leer. Es gab lediglich ein Schild mit der Aufschrift „graben". Also grub Burke und fand einige Vorräte sowie eine Nachricht von den anderen, dass sie am Tag vor Burkes Rückkehr aufgebrochen waren! Die geschwächten Männer waren dermaßen erschöpft und krank von ihrer Reise, dass drei von ihnen starben – auch Burke und Wills.

WIRD ÜBERQUERT

LIEDER ALS LANDKARTEN

Lange Zeit vor Burke und Wills waren bereits Menschen durch Australien gewandert. Die Aborigines besaßen ein erstaunliches System, mit dem sie ihr Land durch Lieder abbildeten. Auf ihrem Weg durch das riesige Outback sangen sie Lieder über das Gebiet und die Tour; darin kamen dann besondere geographische Orte ebenso wie Legenden und Sagen vor. Seit wahrscheinlich 40.000 Jahren sind diese Lieder von einer Generation an die nächste weiter-gegeben worden.

IN HARMONIE

Die Aborigines leben in Harmonie mit der Natur und sind wahre Meister darin, zu verstehen, was die Natur uns sagen will. Sie lesen die Spuren der Tiere und die Wettermuster, finden Anzeichen von Wasservorkommen in der unmittelbaren Nähe und kön-nen Krokodile beruhigen. Wahrscheinlich hat es sie sehr erstaunt, wie Burke und Wills durch das Land zogen, ohne auf die Natur zu achten!

1. IHR EIGENER WEG

Marianne North war die Tochter eines Parlamentsabgeordneten und sollte dessen Erwartungen erfüllen. Die Britin tat, was man von ihr verlangte, aber sie vermied es zu heiraten, damit sie nicht ‚Dienerin' eines Ehemannes werden musste. Um zu verhindern, dass ihr Vater deshalb Druck auf sie ausübte, wurde sie zu seiner engsten Freundin und teilte mit ihm die Begeisterung für Pflanzen und Reisen. Mit ihrem Vater reiste sie von 1865 bis 1867 nach Syrien und an den Nil – dieses Abenteuer machte ihr Lust auf mehr.

2. DIE PFLANZENZEICHNERIN

Als sie ein Kind war, hatte ihr das Singen mehr gelegen als das Zeichnen, doch sie besuchte einen Kurs für Ölmalerei und war sofort begeistert. So hatte sie alles beisammen, was sie für ihre bemerkenswerten Reisen brauchte – die Liebe für die Pflanzen, die Malerei und die Reiselust. Nach dem Tod ihres Vaters im Jahr 1869 war sie frei von jeglichen Verpflichtungen und entschied sich, die Welt zu erkunden. Sie wollte die ‚sonderbaren Pflanzen' zeichnen, die an wilden Orten weit von ihrem englischen Zuhause wuchsen.

DAS ZEICHNEN VON PFLANZEN

Im viktorianischen Zeitalter erwartete man, dass Frauen heirateten und dann Mutter wurden. Marianne North aber hatte andere Vorstellungen – sie bezeichnete die Ehe als ‚schreckliches Experiment', sie reiste stattdessen durch die entlegensten Gebiete der Welt und zeichnete seltene und exotische Pflanzen.

3. EINE WELT AUS BLUMEN

Ihr erstes Reiseziel war Amerika und dann kam Jamaika. Dort begann sie, zu zeichnen. Das tat sie dann fast ein Jahrzehnt. North reiste weiter nach Brasilien, Teneriffa, Japan, Singapur, Borneo, Sri Lanka, Indien und Südafrika. Auf Darwins Vorschlag hin fuhr sie ebenfalls nach Australien, Neuseeland und Tasmanien. Im Gegensatz zu den Naturforschern, die Pflanzen ausgruben und Tiere erschossen, um sie nach London zu bringen, hat North jede Spezies einfach perfekt gezeichnet.

4. KEW GARDENS

Nach ihrer Rückkehr nach London fragte sie den Direktor von Kew Gardens, ob sie dort eine Galerie bauen dürfe, um ihre Arbeiten auszustellen und dazu Tee, Kaffee und Kekse zu verkaufen. Der Direktor erlaubte ihr den Bau, lehnte aber den Verkauf von Erfrischungen strikt ab, denn schließlich sollte es ja ein Ort ernsthafter Studien sein. Voller List hängte North ihre Zeichnungen von Tee- und Kaffeepflanzen genau über dem Eingang auf – und so gab es schließlich doch noch Kaffee und Tee!

LIVINGSTONE UND STANLEY

Im Jahr 1871 haben sich zwei der größten Afrikaforscher in Ujiji am Ufer des Tanganjikasees getroffen. Dort kam es dann wohl zu der weltberühmten Begrüßung – „Dr. Livingstone, nehme ich an?" Wer waren diese beiden Entdecker und wieso haben sie sich mitten in Afrika getroffen?

1. DAVID LIVINGSTONE

David Livingstone war Forscher und „medizinischer Missionar" – er hat viele Leute mit westlichen Methoden ärztlich behandelt und ihnen dabei gleichzeitig vom Christentum erzählt. Er stammte aus einer armen, schottischen Familie, im Gegensatz zu vielen anderen, wohlhabenden Entdeckern seiner Zeit. Sein größtes Ziel war es, die Sklaverei zu beenden, aber er fürchtete, dass man ihm gar nicht zuhören würde, wenn er nicht der bekannteste Afrikaforscher wäre. Also entschloss er sich, nach der Quelle des Flusses Nil im Herzen Afrikas zu suchen.

2. VERSCHOLLEN, TATSÄCHLICH?

Livingstone hat zuerst den Sambesi-Fluss erforscht und anschließend den Nil. Er war der Meinung, dass diese beiden Flüsse neue Handelswege in das Innere Afrikas eröffnen und dass auf ihnen Güter statt Menschen gehandelt werden könnten. Auf der Insel Sansibar heuerte er ein paar einheimische Abenteurer an und begann seine Suche nach der Quelle des Nils. Er erreichte den Malawisee, aber da war schon ein großer Teil seiner Truppe heimgekehrt und die meisten seiner Medikamente waren gestohlen worden. Die Männer seiner Gruppe, die nach Hause kamen, erzählten, dass Livingstone gestorben sei.

3. STANLEY UND DIE BEGEGNUNG

Henry Morton Stanley war ein Amerikaner, der ursprünglich aus Wales stammte. Er hatte in der Armee gedient und wurde dann Seemann und schließlich Journalist. Sein Verleger schickte ihn nach Afrika, wo er nach dem berühmten Entdecker Livingstone suchen sollte, der ja eventuell noch am Leben sein könnte. Auch Stanley begann seine Reise in Sansibar und heuerte dort 111 Männer an. Sie marschierten über 1000 Kilometer durch tropische Wälder, wo es tödliche Insekten gab, die viele Leben forderten. Schließlich fanden sie Livingstone tatsächlich, lebend, in Ujiji und höchstwahrscheinlich ist dort die berühmte Begrüßung gefallen.

4. STANLEY MACHT WEITER

Stanley wurde dann selbst zu einem Entdecker. Er kartierte den Viktoriasee und konnte bestätigen, dass dort eine der Quellen des Nils lag. Er erforschte auch den Fluss Kongo von seiner Quelle bis zur Mündung ins Meer. Offensichtlich fanden die Moskitos sein Blut überhaupt nicht anziehend, denn während unzählige seiner Kollegen – Afrikaner und Europäer – an Malaria starben, blieb er gesund. So reiste er kreuz und quer durch Afrika und wurde durch seine atemberaubenden Bücher weltberühmt. Man bezeichnet ihn noch heute als einen der größten Erforscher Afrikas.

PILGERREISE FÜR DEN FRIEDEN

Satish Kumars Leben war eine einzige bemerkenswerte Reise. Im Alter von neun Jahren ging er von zu Hause fort und wurde ein Jain-Mönch in Indien. Mit 18 lief er jedoch davon, war auf der Suche nach einem neuen Abenteuer. Er arbeitete bei Bauern und in der Politik und entschloss sich dann, zu seiner größten Reise aufzubrechen …

BESSER ALS KRIEG

Man schrieb das Jahr 1962. Die Welt befand sich im Kalten Krieg, wegen ein paar Ländern, die meinten, sie müssten ihre Nuklearwaffen immer weiter aufrüsten. Die Situation war schon brandgefährlich und Satish dachte, man könnte nicht einfach dasitzen und tatenlos zuschauen. Zusammen mit seinem Freund E. P. Menon plante er einen Friedensmarsch. Sie wollten zu Fuß zu allen vier Atommächten laufen und ihre Botschaft überbringen: Frieden ist ein besserer Weg als Krieg. Die beiden Männer entschlossen sich, ohne Geld zu reisen und während ihrer Tour ganz auf Fleisch zu verzichten – sie würden die Gastfreundschaft in den Ländern nutzen und nur Pflanzen und Gemüse als Nahrung essen.

MANCHMAL HILFT EIN TEE

Satish und sein Freund wurden in ganz Asien herzlich empfangen und reisten anschließend nach Moskau weiter. In Armenien besuchten sie eine Teefabrik, wo ihnen ein Arbeiter vier Teebeutel für die Staatsoberhäupter von der USA, der Sowjetunion, von Großbritannien und Frankreich mitgab. Die Nachricht dazu sollte diese sein: falls die Herren jemals kurz davor sein sollten, den Atomknopf zu drücken, dann sollten sie innehalten und sich erstmal eine gute Tasse Tee zubereiten. Vielleicht würden sie dann ihre Meinung ändern.

„Schwierigkeiten muss man einfach nur überwinden.“

~ *ERNEST SHACKLETON*

EIS *und* SCHNEE

Nord- und Südpol haben große Entdecker schon immer magisch angezogen. Ihr besonderer Reiz liegt in der Abgeschiedenheit und den rauen Bedingungen – nur die Stärksten und Mutigsten konnten zu einer Reise ans sogenannte Ende der Welt aufbrechen, von der sie hoffentlich lebend zurückkehrten. Sicherlich war die Reise zu einem der beiden Pole das größte Abenteuer, aber es gab auch etliche Forscher, die nach neuen Routen durch die Eismeere suchten – neue Wege, durch die man Kontinente verbinden könnte. Wieder andere träumten vom Mount Everest oder Tibet oder Grönland – alles geheimnisvolle Orte, die von Eis und Schnee umgeben waren.

WIR VERKABELN DIE WELT

In den 1860er Jahren träumten Menschen davon, die Welt mit Kabeln zu verbinden und dadurch Nachrichten überall hin zu verschicken. Wichtige Meldungen könnten so in Minutenschnelle übertragen werden, statt mühsam per Post über Monate, und dies wiederum würde die Welt grundlegend verändern. Für dieses gewaltige Projekt wurden große und lange Reisen zu Fuß, mit dem Hundeschlitten und zu Pferd bis in die entlegensten Teile der Welt unternommen.

1. MÖGLICHKEIT

Nachdem ein erster Versuch, ein Kabel durch den Atlantik zu verlegen, fehlgeschlagen war, glaubte man, dass eine Überlandroute die bessere Lösung sei. Man plante, eine Verlegung nach Norden durch Alaska, unter der Beringstraße hindurch, dann wieder südlich bis zur russischen Ostküste und weiter. Die geplante Route führte durch unbekanntes Gebiet ohne Straßen mit oftmals viel Eis und Schnee – also würde es sehr mutige Männer brauchen, damit das Projekt gelingen könnte.

2. NACH NORDEN DURCH ALASKA

Zunächst wurde die Russisch-Amerikanische Telegraphen-Gesellschaft gegründet, mit Perry Collins als Chef. Die Arbeiten waren sehr schwierig. Man musste das Eis mit Feuer schmelzen, damit die Telegraphenmasten in den Boden gerammt werden konnten. Aber es funktionierte, bald konnte das erste Kabel genutzt werden. Es überbrachte die traurige Nachricht, dass Präsident Abraham Lincoln ermordet worden war.

3. DURCH UNBEKANNTES GEBIET

Auf der russischen Seite gab es einen 20 Jahre alten Arbeiter mit Namen George Kennan. Er besaß keinerlei Erfahrung und sprach auch die Landessprache nicht. Aber er hatte große Abenteuerlust und eine sehr herzliche Persönlichkeit, so dass die Menschen ihm schnell vertrauten. Er ist Tausende von Kilometern durch die Wildnis gereist – mit dem Schlitten, zu Pferd oder zu Fuß – und hat dabei in den Zelten der Nomaden übernachtet und manches Mal auch unter freiem Himmel.

4. MISSERFOLG … UND ERFOLG

Im Jahr 1867 ist es dann gelungen, ein Kabel durch den Atlantik zu verlegen. Ab da konnten Nachrichten in Minuten von Kontinent zu Kontinent geschickt werden – eine Revolution der Kommunikation! Eigentlich brauchte man das Überlandkabel nun nicht mehr, aber die Arbeit war für die Kabelverleger dennoch nicht umsonst, denn sie brachte viel Wissen über neue Länder und Menschen.

DIE NORDWEST-PASSAGE

FRANKLINS SCHEITERN

Im Jahr 1845 machte sich der Engländer John Franklin mit großen Schiffen und einer guten Mannschaft auf die Reise. Seinen Schätzungen nach gab es nur noch etwa 500 Kilometer unerforschte Küste. Seine Schiffe blieben jedoch im Eis stecken und die Männer versuchten, sich zu Fuß in Sicherheit zu bringen. Leider gab es bei dieser Reise keine Überlebenden.

Die Europäer träumten lange von einer Abkürzung nach Asien, wodurch sie schneller an Seide und Gewürze gelangen könnten. Also suchten Forscher eine Route entlang der nördlichen Grenze des amerikanischen Kontinents – diese Mission sollte über 400 Jahre dauern …

AMUNDSEN KOMMT AN

Der norwegische Entdecker Roald Amundsen wollte es 1903 ganz anders angehen – statt großer Schiffe, vieler Männer und Tonnen an Vorräten wollte Amundsen nur ein kleines Schiff benutzen, mit nur sechs Männern und so wenig Vorräten wie möglich. Er hatte vor, dicht an der Küste zu bleiben und von Fisch und Robbenfleisch zu leben, auch lernte er viel vom einheimischen Volk der Inuit. Leider blieb auch sein Schiff im Eis stecken, aber er hatte die nötige Geduld und wartete, bis das Eis geschmolzen war; während dieser Zeit lebte er mit den Einheimischen und eignete sich deren Fertigkeiten an. 1906 hatte er dann endlich sein Ziel erreicht – er hatte die Nordwest-Passage durchquert.

DIE NORDOST-PASSAGE

Nachdem die Nordwest-Passage entdeckt worden war, begannen Forscher über eine Nordost-Passage nachzudenken. Würde man wohl während der kurzen Sommermonate entlang der russischen Nordküste reisen können, wenn die Meere eisfrei waren? Das wäre dann erneut eine wichtige Handelsroute …

MODERNER ERFOLG

Die beiden Forscher Nansen und Bering gehörten zu den Ersten, die intensiv nach einer Nordost-Passage suchten. Trotzdem wurde die Ehre der Erstdurchquerung nicht ihnen zuteil, sondern dem finnisch-schwedischen Entdecker Adolf Erik Nordenskiöld, der 1867 mit der Vega-Expedition von West nach Ost durch die Passage reiste.

EINE FRÜHE DURCHQUERUNG

Der portugiesische Kapitän David Melgueiro ist wohl schon in den 1660er Jahren durch die Nordost-Passage gesegelt. Er heißt, dass sein Schiff, *Pai Eterno* (Ewiger Vater), durch die Arktis von Japan nach Portugal gefahren sein soll. Schaut man sich die damaligen Wetterdaten an, so ist dies durchaus möglich – die Sommer in der Zeit um 1660 waren die wärmsten in zwei Jahrhunderten und so hätte es eine eisfreie Route geben können.

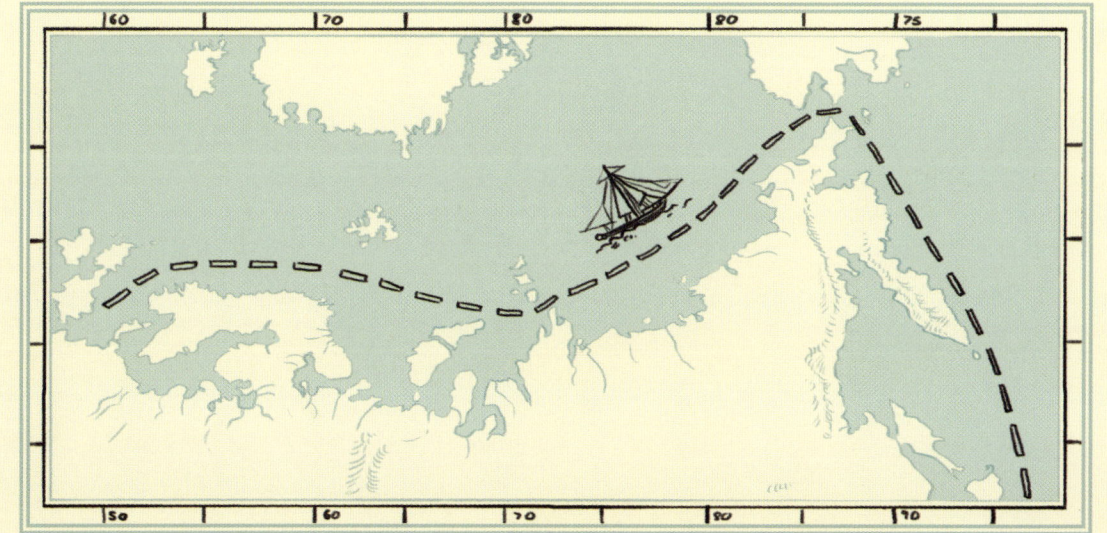

ROALD AMUNDSEN

Roald Amundsen hatte bereits erfolgreich die Nordwest-Passage durchquert. Er stellte sich eine Mannschaft aus gesunden und starken Männern zusammen und plante seine Expedition mit äußerster Gründlichkeit. Die ersten 250 Kilometer seiner Tour markierte er mit norwegischen Ski-Fähnchen. Hunde zogen die Schlitten. Bei den kanadischen Inuit hatte er gelernt, wie man Schlittenhunde führt. Er liebte die Hunde über alles, aber ihm war auch klar, dass er die schwachen an die starken verfüttern musste, um sein Ziel zu erreichen. Amundsen hat am 14. Dezember 1911 tatsächlich den Südpol erreicht und dort die norwegische Flagge gehisst.

DAS RENNEN UM DEN SÜDPOL

Als Erster den Südpol erreichen … das war das größte Ziel vieler Forscher. Die Antarktis wurde Anfang des 20. Jahrhunderts zu einem wahren Magneten für Entdecker. Viele hatten es bereits vergeblich versucht, bis 1911 zwei Gruppen aufbrachen, die für Triumph und Tragödie zugleich stehen.

KAPITÄN SCOTT

Die Konkurrenzexpedition wurde von Robert Falcon Scott geleitet. Er nahm ebenfalls Hunde mit, hatte jedoch keine Ahnung, wie er sie führen musste, und er glaubte, dass Ponys auch gut für diese Arbeit geeignet seien. Er besorgte sich motorisierte Schlitten, hatte jedoch keinen Techniker dabei, der sie richtig bedienen oder reparieren konnte. Die Vorräte für seine Männer waren nicht besonders nahrhaft und auch bei der Strecken-markierung war er eher nachlässig – das sollte sich als großer Fehler erweisen. Immerhin haben es fünf Männer aus seinem Team geschafft, den Pol zu erreichen. Wahrscheinlich hat es ihnen das Herz gebrochen, als sie dort ankamen und die norwegische Flagge mit einer Nachricht von Amundsen sahen. Leider haben sie sich auf ihrem Rückweg während eines Schneesturms verirrt und kamen im Eis ums Leben, obwohl sie nur 17 Kilometer von dem rettenden Ziel entfernt waren.

ICH HABE EINEN TRAUM

Schon während seiner Kindheit träumte der Japaner Nobu Shirase davon, die Antarktis zu erforschen. Er lernte in der Tempelschule sehr viel über die Polarregionen und blieb sein Leben lang eisern fünf Regeln treu, die ihm bei extremen Bedingungen helfen würden: kein Alkohol, kein Tabak, kein Tee, kein heißes Wasser trinken und sich selbst bei Kälte nicht am Feuer wärmen.

Später, als Erwachsener, hatte er dann einige Schwierigkeiten, Geld und eine Mannschaft aufzutreiben, aber da er so entschlossen war, konnte er seinen Traum doch wahrmachen.

NACH SÜDEN

Im Jahr 1911 stach die *Kainin-Maru* in See. Das Schiff war nur halb so groß wie das von Scott oder Amundsen. Als es in Neuseeland ankam und Vorräte aufnehmen wollte, zweifelten viele daran, ob es die Reise überhaupt schaffen würde. Bei seinem ersten Anlauf blieb Shirase im Eis stecken, musste umkehren und den Winter in Australien verbringen. Bei seinem zweiten Versuch schaffte es das Schiff bis zur Antarktis und landete in der Walfischbucht. Dort setzten die Männer ihren Fuß auf den eisigen Kontinent und waren damit die ersten Asiaten, denen dies gelang.

VERGESST UNS NICHT!

Beim Wettrennen um den Südpol werden meist nur zwei Seiten erwähnt – der Triumph des Roald Amundsen und die Tragödie von Kapitän Robert Falcon Scott. Aber es gab zur gleichen Zeit noch eine dritte Expedition zum Südpol, die von dem Japaner Nobu Shirase angeführt wurde.

SPÄHER FÜR DAS RENNEN

Ein Teil der Mannschaft blieb an dem Ort und überwachte die Küste, während die anderen als ‚Späher‘ mit Hundeschlitten weiter gen Süden reisten. Bis zum Südpol schafften sie es nicht, aber sie hissten im Eismeer die japanische Flagge. Trotz der extrem harten Bedingungen haben die Männer noch Gesteinsproben eingesammelt, einen Film gedreht, die Küstenregion kartiert – und alle haben als Helden überlebt.

TAPFER, ABER FAST VERGESSEN

Da Amundsen und Scott ja ebenfalls den Südpol erreicht hatten (Amundsen traf übrigens Shirases Team auf dessen Rückweg), geriet diese dritte Expedition von tapferen Männern irgendwie in Vergessenheit. Außerdem war die Welt sehr besorgt über die militärischen Aktivitäten Japans in Asien, so dass auch die internationale Presse nicht sehr wohlwollend über die japanische Expedition berichtete. Tatsächlich hat es 99 Jahre gedauert, bis Shirases Expeditionsbericht in Englisch veröffentlicht wurde.

SHACKLETONS REISE

Eine der bedeutendsten Abenteuer-geschichten aller Zeiten berichtet davon, wie Shackletons Schiff im Polareis stecken blieb. Die Mannschaft wurde bei einer waghalsigen Flucht durch raue See und einer an-schließend fast unmöglichen Reise über Land gerettet; es war so gefährlich, dass es eigent-lich niemand wagen wür-de. Nur ganz wenige haben es später ebenso versucht.

„Mit Ausdauer werden
wir gewinnen."
~ ERNEST SHACKLETON

ABENTEUER IN DER ANTARKTIS

Es erfüllte den Iren Ernest Shackleton mit großem Stolz, dass er 1901 für Kapitän Scotts *Discovery*-Mission zum Südpol ausgewählt wurde. Zusammen mit einem anderen Mann kam er näher an den Südpol heran, als jeder andere vor ihm. Sieben Jahre später leitete Shackleton seine eigene Expedition. Er erklomm den höchsten Berg der Antarktis und kam sogar noch näher an den Südpol heran, ehe er schließlich umkehren musste.

IN DER FALLE!

Als Amundsen 1911 den Südpol erreichte, setzte sich Shackleton ein neues Ziel: er wollte als Erster den gesamten Kontinent zu Fuß durchqueren. Also setzte er 1914 erneut die Segel, um mit seinem Schiff *Endurance* zur Antarktis zu segeln. Leider blieb sein Schiff im Eis stecken. Die Mannschaft wartete geduldig, doch der Druck des Eises war so stark, dass das Schiff barst. Die Männer campierten dann auf dem Eis und konnten nur noch die Rettungsboote in Sicherheit bringen, bevor das Schiff sank.

DIE ELEFANTENINSELN

Shackleton und seine Männer trieben in ihren Rettungsbooten mit wenig Vorräten im Eis und gelangten schließlich ins offene Meer. Sie befanden sich eigentlich im Nirgendwo und es war höchst erstaunlich, dass sie trotzdem mit allen Booten wieder Land erreichten. Jedoch waren sie dort keineswegs in Sicherheit – sie waren auf der unbewohnten ‚Elephant Island' (Elefanteninseln) gelandet, mehr als 1000 Kilometer von menschlichen Siedlungen entfernt. Sie drehten die Rettungsboote um, machten daraus Hütten, und lebten von Robben und Pinguinen.

DIE GROSSE FLUCHT

Schließlich nahm Shackleton fünf seiner Männer und eines der Rettungsboote und segelte Richtung ‚South Georgia' (Südgeorgien), wo sie noch weitere 80 Kilometer eisiges, bergiges Gelände durchqueren mussten. Shackleton und zwei weitere Männer marschierten 36 Stunden, bis sie eine norwegische Walfangstation erreichten; dort wurden sie wie Helden gefeiert. Alle Männer seiner Expedition wurden tatsächlich gerettet!

NACH TIBET

Tibet liegt weit oben in den Bergen des Himalaya. Man kann nur sehr schwer dorthin gelangen und fremden Besuchern wurde schon seit jeher die Reise dahin verwehrt … das machte die Leute natürlich umso neugieriger! Die meisten wurden dennoch abgewiesen, nur einige wenige haben dieses verbotene Königreich kurz besuchen können …

NAIN SINGH RAWAT

Nain Singh Rawat wurde in einem indischen Dorf geboren, das für seine Forscher und Entdecker berühmt war. Er lernte die tibetische Sprache und machte sich 1865 als Mönch verkleidet auf den Weg dorthin. Er wollte die erste Karte der Region erstellen. Das tat er auch. Im Januar 1866 gelangte er nach Lhasa, wo er bis April blieb, die Gegend erkundete und sogar den Dalai Lama traf.

NIKOLAY PRZEWALSKI

Der Russe Nikolay Przewalski war ein erstaunlicher Entdecker, der ganz Asien bereiste. Nach ihm wurde die einzige Wildpferderasse der Welt benannt (die noch heute frei in der Mongolei lebt). Er erforschte 1872 einen großen Teil des nördlichen Tibet, musste jedoch leider umkehren, ohne das magische Ziel Lhasa erreicht zu haben.

ANNIE TAYLOR

Annie Taylor wurde Missionarin und wollte nach Lhasa reisen, um die Tibeter zum Christentum zu bekehren. Dafür hat sie zunächst die Sprache erlernt und sich mit der Kultur vertraut gemacht, dann rasierte sie ihren Kopf kahl und trug tibetische Kleidung, um unerkannt zu bleiben. Nach viermonatiger Reise zu Pferd sah Taylor im Winter 1893 Lhasa in der Ferne. Die Tibeter haben sie jedoch, kurz vor Erreichen ihres Ziels, gezwungen, umzukehren.

HEINRICH HARRER

Heinrich Harrer war ein österreichischer Bergsteiger, der mit einem Freund auf Klettertour in den Himalaya ging. Als der Zweite Weltkrieg ausbrach, wurden sie von den Engländern gefangen genommen; es gelang ihnen jedoch die Flucht und sie liefen zu Fuß bis nach Tibet. Harrer hat dann sieben Jahre in Tibet verbracht. Auch er traf den Dalai Lama. Und er schrieb ein Buch über seine Abenteuer auf dem ‚Dach der Welt‘.

AUF DEM DACH *der* WELT

Der Mount Everest – der höchste Gipfel der Welt. Erst im Jahr 1953 wurde er von dem Neu-
seeländer Edmund Hillary und seinem nepalesischen Sherpa Tenzing Norgay bezwungen. Die
Berichte über ihr tägliches Leben und den Abstieg sind mindestens genauso spannend wie ihr
rekordverdächtiger Aufstieg auf den Berg …

EIN YAK-HIRTE

Tenzing Norgay wurde am Fuße des Everest geboren und war
von Beruf Yak-Hirte. Dabei hatte er stets die Berge im Blick.
Seine Familie gehörte zum Volk der Sherpa und lebte in Nepal;
diese Menschen waren für ihre außerordentlichen Kräfte beim
Bergsteigen bekannt. Genau aus diesem Grund wurde Norgay
von einer Schweizer Expedition unter der Leitung von Ray-
mond Lambert engagiert. Lambert fielen die unglaublichen
Fähigkeiten von Norgay auf, und er schätzte ihn sehr.
Gemeinsam kletterten sie dann bis zu einer Höhe von
8600 Metern – was noch nie jemand vor ihnen geschafft hatte.

DER BIENENZÜCHTER

Viele tausend Kilometer entfernt lebte der Bienen-
züchter Edmund Hillary, er liebte das Bergsteigen
in den südlichen Alpen Neuseelands. Er las von den
mutigen Versuchen von George Mallory, der in den
1920ern den Mount Everest erklimmen wollte – und er
hätte es fast geschafft. Aber leider starb er, weil die Luft
zu dünn wurde, seine Leiche liegt wohl irgendwo in der
Nähe des Gipfels. Hillary wusste, dass Lambert und
Norgay es fast bis zum Gipfel geschafft hatten. Also war
es möglich – es brauchte nur die richtigen Männer zur
richtigen Zeit am richtigen Ort.

EIN TRAUMTEAM

Norgay und Hillary schlossen sich 1953 zusammen; Norgay besaß die nötige Ortskenntnis und Erfahrung für die oberen
Abschnitte des Everest, und Hillary brachte mathematische Präzision mit – er berechnete ständig die Steigungen und den
verbleibenden Vorrat an Sauerstoff. Darüber hinaus nutzten die Abenteurer die Erfahrung früherer Schweizer Expeditionen
und wussten daher genau, wo sie ihr Basislager aufschlagen sollten. Das letzte, entscheidende Element ihres Erfolges war ihre
Ausrüstung – sie hatten das modernste Zubehör, ohne das sie es nie bis auf die höchsten Hänge geschafft hätten.

AUF DEM DACH DER WELT

Die letzte Nacht des Aufstieges verbrachten die Männer in 8400 Metern Höhe. Die Temperatur betrug -27 Grad Celsius. Sie konnten fast nicht schlafen. Gegen vier Uhr nahmen sie ein warmes Getränk zu sich und brachen dann auf; dabei sprachen sie kaum, um keinen wertvollen Sauerstoff zu verschwenden. Um 11 Uhr standen sie dann auf dem Gipfel der Welt. Hillary streckte die Hand aus, um die von Norgay zu schütteln, aber Norgay nahm ihn einfach nur in den Arm – sie hatten gemeinsam das Unmögliche geschafft.

„Es war ein langer Weg."

~ *TENZING NORGAY*

EIN AFRIKANER IN GRÖNLAND

Er wuchs eigentlich in einer Lehmhütte in Togo auf und würde sein Leben mit dem Sammeln von Kokosnüssen und dem Fangen von Eidechsen verbringen. Als der junge Tété-Michel Kpomassie jedoch ein Buch mit Geschichten über ein Land aus Eis und Schnee fand, entschloss er sich, in dieses ferne Land zu reisen …

ZUFALL IN AFRIKA

Eines Tages saß Tété-Michel in einer Kokospalme, da begegnete ihm eine Schlange und er fiel vor Schreck vom Baum. Man brachte ihn zu einer Priesterin des Schlangenkults, damit sie ihn vom Dämon befreite. Es herrschten raue Sitten in dieser Sekte und es gelang Tété-Michel zu entkommen. Zufällig fiel ihm ein reich illustriertes Buch in die Hände und er entschied, dass er eines Tages nach Grönland fliehen würde.

GRÖNLAND

Viele Jahre später segelte Tété-Michel dann endlich ins Land seiner Träume, wo er die Zeit bei grönländischen Familien verbrachte. Er begegnete dort Kindern, die von ihren Eltern regelrecht verwöhnt wurden – ganz im Gegensatz zu den strengen Regeln bei ihm zuhause. Als er jedoch weiter durch das Land reiste, fielen ihm mehr Gemeinsamkeiten als Unterschiede auf – freundliche Menschen mit offenen Herzen und einer Vorliebe für gute Geschichten.

„Unterbrich niemals jemanden, der gerade etwas tut, was angeblich unmöglich ist."

~ *Amelia Earhart*

MENSCH *und* MASCHINE

Maschinen haben den Menschen schon immer in allen möglichen Situationen geholfen, auch beim Reisen. Seit der Erfindung des Rads haben sich die Menschen immer wieder Geräte ausgedacht und gebaut, mit denen sie schneller und weiter reisen konnten … manchmal waren diese sogar bequemer. Es wurden große Maschinen gebaut, um Länder, Meere, den Himmel und das All zu erkunden. Mit ihnen entstand eine neue Generation von Fahrern, Piloten und Technikern. Schauen wir uns nun diese High-Tech-Forscher und ihre mobilen Gerätschaften genauer an …

MIT DEM HOCHRAD

um die

WELT

Wir schreiben das Jahr 1884. Noch nie war jemand mit dem Fahrrad quer durch Amerika gefahren, geschweige denn um die Welt. Es gab nur wenige Straßen, dafür aber umso mehr Banditen. Daher glaubten nur wenige an den Erfolg von Thomas Stevens, als dieser mit einem Regencape, ein paar Sachen zum Wechseln und einem kleinen Revolver aufbrach. Vor ihm lagen ausgedehnte Landschaften ohne Straßen, heiße Wüsten, feindselige Einheimische und die weite Wildnis.

AMERIKA

Stevens erreichte zuerst die Berge der Sierra Nevada, dann die Great Plains, wo es nur wenige Wagenspuren gab, denen er folgen konnte. Manchmal fuhr er direkt auf den Eisenbahnschienen, denn das war immer noch besser als der felsige Untergrund. Etwa ein Drittel der gesamten Strecke hat er zu Fuß zurückgelegt, und schließlich ist er tatsächlich in Boston angekommen.

EUROPA

In Europa wurde Stevens von ganzen Radler-
trupps begleitet, so fuhr er durch England,
Frankreich, Deutschland, Österreich, Ungarn,
Slowenien, Serbien, Bulgarien, Rumänien und
die Türkei. Die europäischen Straßen waren in
einem besseren Zustand und das gab ihm Moti-
vation und Kraft. Er schloss viele Freundschaften, unter anderem mit einem ungarischen Rad-
fahrer, obwohl er dessen Sprache nicht sprach.

ASIEN

Thomas radelte also durch die Türkei – fuhr dort
sogar Wettrennen gegen die Dorfbewohner auf
ihren Pferden – und gelangte in den Iran. Die
Polizei in Afghanistan ließ ihn nicht einreisen und
so kehrte er mit dem Schiff nach Istanbul in die
Türkei zurück, von wo er nach Indien weiterreiste.
Er durchquerte Indien mit dem Rad und radelte
bis nach China, wo er fast zu Tode geprügelt
wurde. Zum Schluss bereiste er noch Japan.

DAS ENDE

Stevens kehrte 1886 nach Hause zurück
und musste erfahren, dass inzwischen
ein Fahrrad mit kleineren Rädern erfunden worden war. Zwei Jahre später gab
es von John Dunlop ein Rad mit luftge-
füllten Reifen. Das bedeutete, dass die
Tage des Hochrades gezählt waren.
Stevens hat also mit seinem Hochrad
eine große Abschiedstour gemacht.

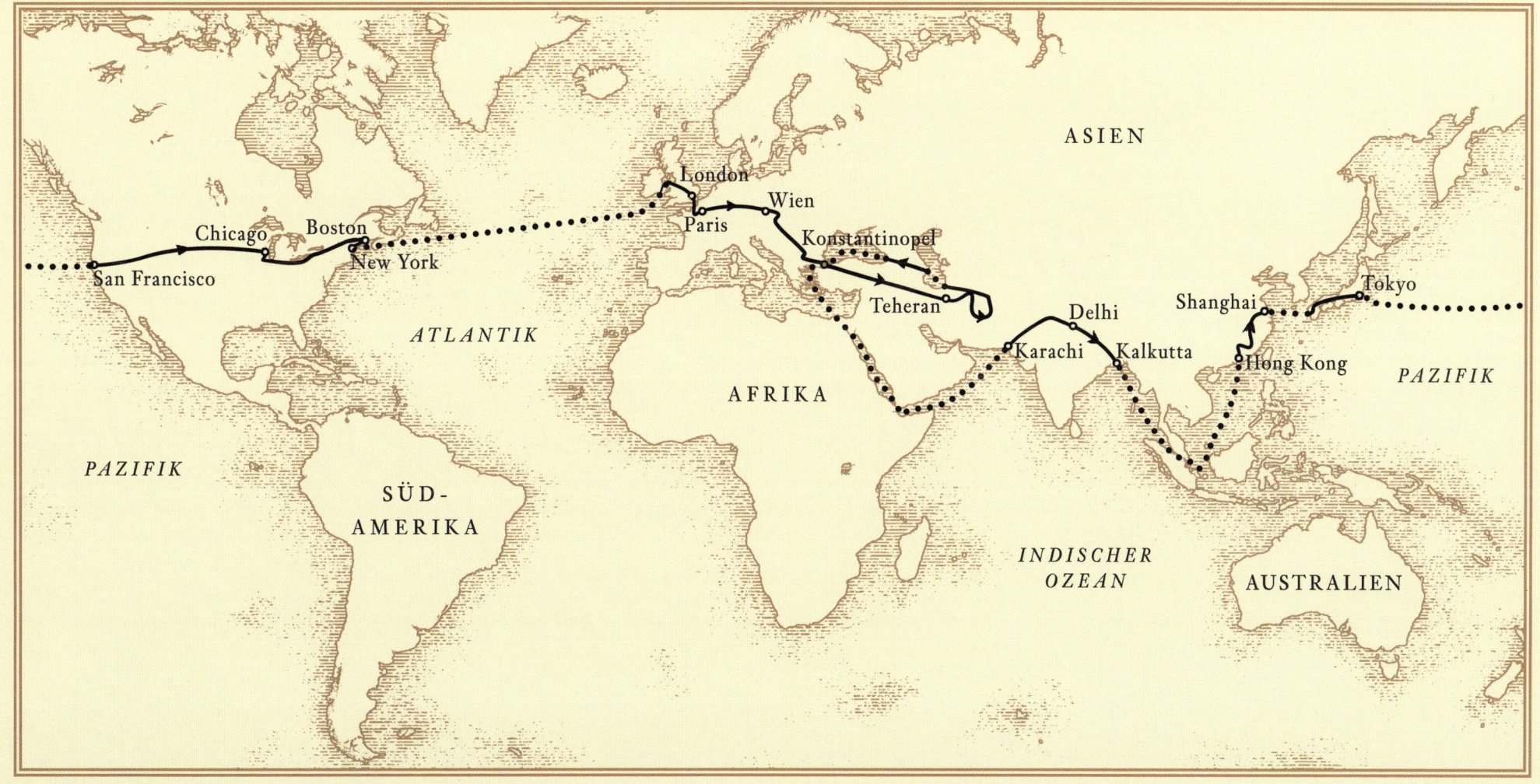

UM DIE GANZE WELT IN 72 TAGEN

ABENTEUERLUST

Nellie Bly (richtiger Name Elizabeth Jane Cochran) war eine US-amerikanische Journalistin. Zu ihrer Zeit – sie lebte 1864-1922 – gab es nur sehr wenige weibliche Reporter. Ihr Verleger in Pittsburgh erwartete, dass sie über Mode und Gärten schrieb, aber stattdessen ging sie nach Mexiko, wo sie sensationelle Geschichten sammelte! Später arbeitete sie dann für eine andere Zeitung und berichtete sogar aus einem Irrenhaus – sehr mutig!

Jules Vernes Buch *In 80 Tagen um die Welt* war eine Sensation, als es 1873 veröffentlicht wurde. Auf einmal war die Welt zu einem „kleineren Ort" geworden, vor allem dank der neuen Eisenbahnstrecken durch Amerika und Indien, oder auch durch die Fertigstellung des Suezkanals, der eine wesentliche kürzere Schiffsroute von Europa nach Asien eröffnete. Daher war es also nur eine Frage der Zeit, wann jemand sich auf eine spektakuläre Reise um die Welt machen würde …

DIE RICHTIGE FRAU FÜR DEN JOB

Nellie hatte einen tollen Einfall für eine Geschichte: sie wollte den fiktiven 80-Tage-Rekord einer Reise um die Welt von Phileas Fogg aus Jules Vernes berühmten Buch unterbieten. Ihrem Verleger gefiel die Idee, aber er meinte, das sei eher ein Job für einen Mann. „Gut," sagte Nellie, „schicken Sie den Mann los und ich starte am gleichen Tag für eine andere Zeitung und werde ihn schlagen." Man schickte Nellie schließlich los!

AUF HALBEM WEG

Nellie packte ein paar Sachen und reiste also mit einem kleinen Beutel Bargeld und Gold um den Hals los. Sie segelte zunächst von New York nach England, dann nach Frankreich, wo sie sogar mit Jules Verne Tee trank! Mit dem Zug ging es weiter nach Italien, mit dem Schiff nach Ägypten, in den Jemen und bis nach Sri Lanka: so hatte sie die Hälfte der Strecke geschafft. Würde sie den Rekord brechen?

DIE TRIUMPHALE RÜCKKEHR

Sie segelte nach Malaysia, Singapur und Hongkong, dann folgte eine stürmische Überfahrt nach Japan, und schließlich reiste sie von Yokohama nach San Francisco. Als sie dann Amerika mit dem Zug durchquerte, wurde sie als Heldin gefeiert. Bei ihrer Rückkehr in New York waren 72 Tage vergangen, seit sie zu ihrer Reise aufgebrochen war.

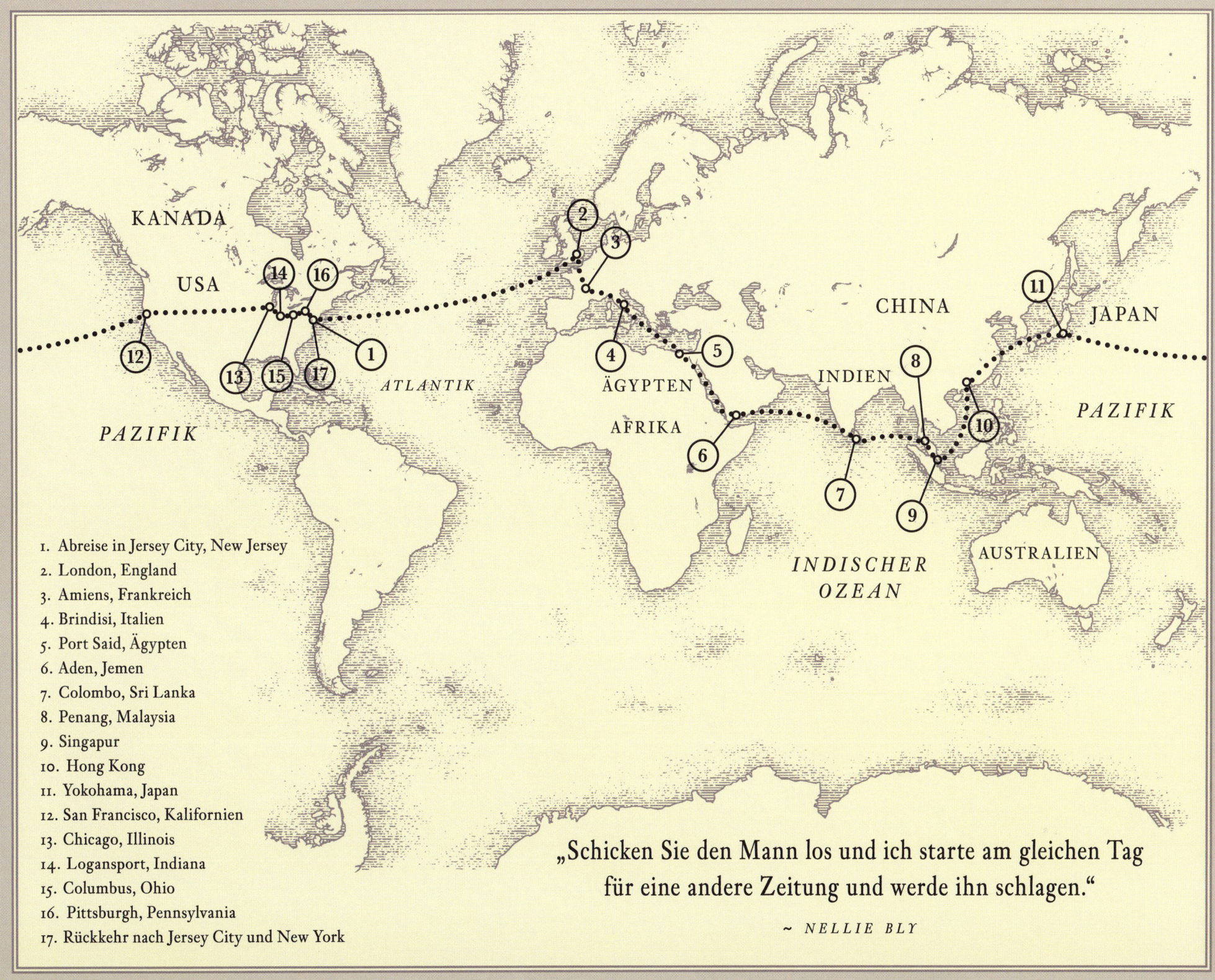

1. Abreise in Jersey City, New Jersey
2. London, England
3. Amiens, Frankreich
4. Brindisi, Italien
5. Port Said, Ägypten
6. Aden, Jemen
7. Colombo, Sri Lanka
8. Penang, Malaysia
9. Singapur
10. Hong Kong
11. Yokohama, Japan
12. San Francisco, Kalifornien
13. Chicago, Illinois
14. Logansport, Indiana
15. Columbus, Ohio
16. Pittsburgh, Pennsylvania
17. Rückkehr nach Jersey City und New York

„Schicken Sie den Mann los und ich starte am gleichen Tag
für eine andere Zeitung und werde ihn schlagen."

~ NELLIE BLY

DAS GROSSE RENNEN

Im Jahr 1907 waren Automobile noch eine Neuheit. Die Fahrzeuge waren laut und klobig und nur reiche Leute konnten sie sich leisten. Die meisten Autos hatten damals bereits nach kurzen Strecken eine Panne. Manche Leute beschäftigte die Frage, ob Autos eine nützliche Erfindung sind oder nur ein teures Spielzeug für die Reichen. Es gab einen Weg, das herauszufinden …

VON PEKING NACH PARIS

Eine französische Zeitung warb für ein Rennen von Peking (heute Beijing) nach Paris, aber es meldeten sich nur fünf Teams für den Start in China an – drei davon kamen aus Frankreich, eines aus den Niederlanden und eines aus Italien; dessen Fahrer war ein Prinz, begleitet von einem Journalisten und einem Mechaniker.

DURCH DIE WÜSTE GOBI

In China waren Autos eine Weltneuheit! Man hatte im Voraus Benzin mit Kamelen dorthin geschickt, und die Autos mussten teilweise die Berge hinaufgeschoben werden. In der Mongolei brauchten die Fahrzeuge auch viel Kraftstoff und Wasser, und in der Wüste Gobi musste eines der Teams sogar aufgeben.

SIBIRISCHE SÜMPFE

In Sibirien hatten die Fahrer dann mit Sümpfen und Mooren zu kämpfen, und es gab so gut wie keine richtigen Straßen. Manchmal blieb ihnen nur, auf den Schienen der transsibirischen Eisenbahn zu fahren und über die Holzschwellen zu rumpeln. Als das italienische Team eine Brücke überquerte, brach diese genau in dem Moment zusammen. Die Männer mussten das Auto erst wieder bergen!

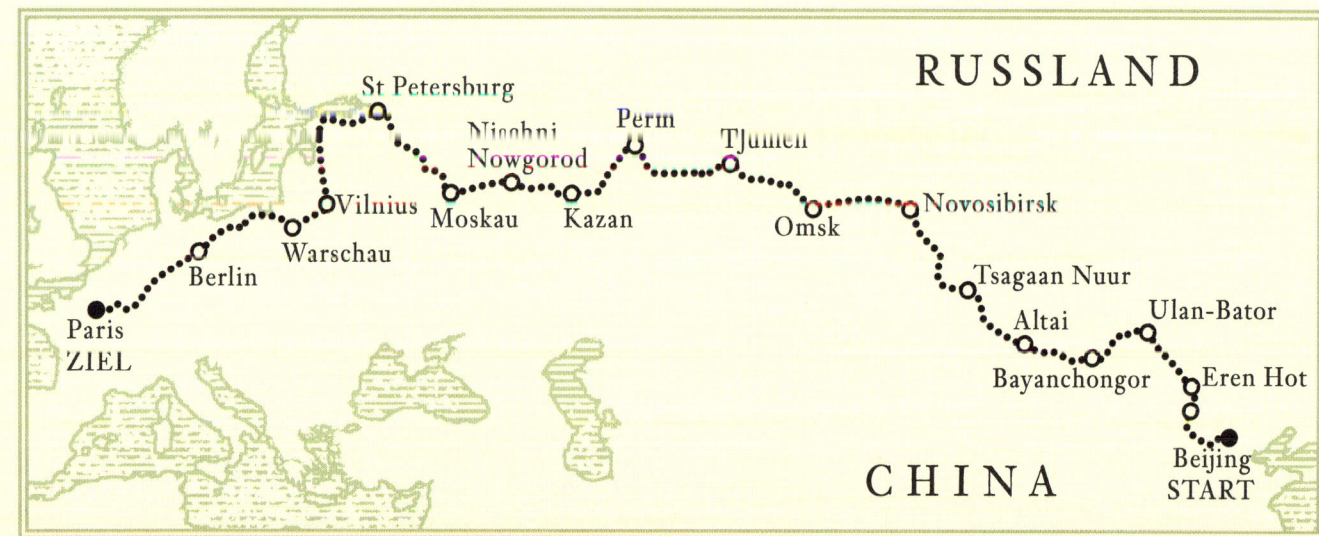

DAS ZIEL VOR AUGEN

Je näher sie Europa kamen, umso besser wurden die Straßen. Die Italiener führten das Rennen an. Fast hätte sie ein gebrochenes Rad den Sieg gekostet, aber ein Schreiner vor Ort fertigte ihnen sofort ein neues Rad an. Das Ziel vor Augen entschloss sich der Prinz, für ein gutes Essen mit seinem Team einen Umweg über St. Petersburg zu fahren! Sie erreichten Paris exakt zwei Monate, nachdem sie Beijing verlassen hatten, was eine Durchschnittsgeschwindigkeit von 10 km/h ergibt!

PIONIERE

Theresa Wallach wuchs mit allerlei Kunst und Objekten aus Afrika auf, die ihr Vater sammelte, und sie träumte davon, selbst durch diesen geheimnisvollen Kontinent zu reisen. Sie traf Florence Blenkiron und die beiden Frauen freundeten sich sofort an. Es entstand ein Plan.

ZWEI FRAUEN AUF DEM MOTORRAD

Auch 1930 wurde von Frauen noch erwartet, dass sie Hausfrauen wurden … eine Vorstellung, die die 1909 geborene Theresa Wallach verabscheute. Sie tat alles, um dies zu verhindern, ging auf die Universität und studierte Maschinenbau – für Frauen damals sehr ungewöhnlich. Zum Entsetzen ihrer Eltern kaufte sie sich sogar heimlich ein Motorrad. Bei einem Motorradrennen traf sie dann Florence Blenkiron. Die beiden schmiedeten einen Plan – sie würden eine Expedition mit dem Motorrad vom Norden Afrikas bis in den Süden unternehmen!

DURCH DIE SAHARA

1935 starteten sie ihre Reise an der algerischen Küste. Größte Angst hatten sie vor eventuellen Pannen in der Wüste, oder dass ihnen das Wasser ausging, oder vor den bewaffneten Nomaden. Doch auch die örtlichen Behörden machten ihnen das Leben schwer und wollten sie hier und da nicht passieren lassen. Tatsächlich hatten die Frauen viele Pannen, konnten aber ihre Maschine schnell wieder reparierten – wie richtige Mechaniker. Die beiden freundeten sich auch mit Einheimischen an und verbrachten viele Nächte in den Zelten und am Lagerfeuer beim Volk der Tuareg oder Fulbe. Nach einem kompletten Motorschaden mussten sie sogar mal einen Monat auf die Ersatzteile aus Yorkshire warten; die Frauen haben ihren heißen Ofen selbst repariert wie richtige Mechaniker.

DURCH SAVANNE UND DSCHUNGEL

Nach der Wüste kamen die Sümpfe, Felsen, Hochwasser an Flüssen und die Wildnis mit ihren Gefahren. Sie begegneten Schlangen, Löwen und Gorillas – zum Glück verliefen alle Begegnungen friedlich. In Tanganjika (heute Tansania) hatten sie dann einen Unfall mit dem einzigen Auto weit und breit; beide Fahrzeuge wurden sehr schwer beschädigt. Doch die Frauen blieben optimistisch und der Fahrer des Unfallwagens gab Therese sogar noch den Titel für das Buch, das sie später schreiben würde: *Raue Straßen*. Leider wurde das Manuskript nicht zu Theresas Lebzeiten veröffentlicht, es erschien erst 2001 als Buch!

FURCHTLOSE FLIEGER

Nachdem die Gebrüder Wright 1903 den ersten Flug erfolgreich gemeistert hatten, entwickelte sich der Flugzeugbau rasend schnell weiter, und durch den Ersten Weltkrieg hat sich dieser Fortschritt noch mehr beschleunigt. Noch vor dem Zweiten Weltkrieg aber haben sich zwei amerikanische Piloten mit ihren erstaunlichen Langstreckenflügen in die Herzen der Menschen geflogen …

CHARLES LINDBERGH

Er wurde ursprünglich in Detroit geboren und wuchs auf einer Farm in Minnesota auf. Charles entwickelte handwerkliche Fähigkeiten von frühester Jugend an. Er träumte vom Fliegen, und sobald er dazu in der Lage war, wurde er Fallschirmspringer und ein wahrer Draufgänger. Nachdem er vier Abstürze überlebt hatte, gab man ihm den Spitznamen „Lucky Lindy"! 1927 erschien sein Name weltweit auf sämtlichen Titelblättern, denn er war ganz alleine nonstop über den Atlantik geflogen. Charles war während der Vorbereitung 20 Stunden wach geblieben; natürlich fühlte er sich während des 33,5-Stunden-Fluges irgendwann müde, und er berichtete, die Wolken hätten sich für ihn in Tiere verwandelt und er habe mit ihnen gesprochen!

AMELIA EARHART

Fünf Jahre später erlangte Amelia Earhart große Berühmtheit, als sie alleine einen Transatlantikflug unternahm. Es kostete sie große Mühe, bis sie endlich im Cockpit Platz nehmen konnte, denn eigentlich durften Frauen damals nicht fliegen. Amelia jedoch wurde zur besten Pilotin. 1932 flog sie von Nordamerika nach Nordirland. Als sie dort auf einem Feld landete, fragte ein erstaunter Bauer: „Sind Sie weit geflogen?" – und Earhart gab ihre berühmte Antwort: „Von Amerika hierher!" Leider ist sie 1937 bei dem Versuch, die Welt zu umfliegen, verschollen und seither vermutlich tot.

„Die beste Art etwas zu machen ist, es zu machen."
~ AMELIA EARHART

AUF-WÄRTS *und* AB-WÄRTS, RUND-HERUM

„Forschung ist der Sport der Wissenschaftler."

~ *AUGUSTE PICCARD*

AUFWÄRTS

Wissenschaft faszinierte Auguste Piccard schon als Kind. So war es nicht verwunderlich, dass er später Professor der Physik wurde. Er war ziemlich groß, trug eine Brille mit runden Gläsern und hatte eine ziemlich wilde Frisur – damit fiel er im Labor immer auf. Doch er war ein Forscher und gleichzeitig ein Erfinder. Er interessierte sich sehr für das Ballonfahren und entwarf Ballons, die ihn höher hinauftragen würden als es je ein Mensch gewesen war. 1931 erreichte er eine Rekordhöhe von 15,8 Kilometern, ist bei dem Versuch aber fast ums Leben gekommen, denn er musste ein Leck im Ballon mit Baumwolle stopfen und verlor fast seinen gesamten Vorrat an Sauerstoff.

Es gibt nur wenige Familien, die solche riesige Sprünge in der Forschung gemacht haben, wie die Piccards aus der Schweiz. Auguste, sein Sohn Jacques und sein Enkel Bertrand – sie alle verbanden wissenschaftlichen Geist mit einer Portion Waghalsigkeit und der strikten Ablehnung des Gedankens, dass etwas unmöglich sei. Sie reisten hoch in den Himmel, dann tief in den Ozean und schließlich zwei Mal um die Welt.

ABWÄRTS

Augustes Sohn Jacques suchte das große Abenteuer in
den Tiefen des Ozeans. Mit dem U-Boot *Triest* tauchte er
1960 auf den Grund des Challengertiefs im Marianen-
graben des Pazifischen Ozeans fast 11.000 Meter tief.
Er hörte u. a. ein metallisches Scheppern, als sein
U-Boot den Boden berührte und berichtete von der
Entdeckung einer neuen Art von Plattfischen. Genau
wie bei seinem Vater haben ihn technische Probleme
fast das Leben gekostet – er bemerkte Risse in seinem
U-Boot und ließ es daraufhin so schnell wie möglich
aufsteigen. So konnte er einen tödlichen Unfall gerade
noch verhindern.

RUNDHERUM

Jacques' Sohn Bertrand trat natürlich in die Fußstapfen
von Vater und Großvater, doch welche Herausforderungen
blieben für ihn so kurz vor Beginn des 21. Jahrhunderts?
Nun, Bertrand hatte sich schon immer für das Fliegen
interessiert, und so war er der erste Pilot, der 1999
(zusammen mit einem Kopiloten) mit einem Ballon die
Welt umflogen hat. Dieser Rekord stellte ihn jedoch nicht
zufrieden und so begann er, sich mit solargetriebenen
Fahrzeugen zu beschäftigen. Zusammen mit Andre
Borschberg war er 2016 der erste Mensch, der mit einem
solargetriebenen Flugzeug die ganze Welt umrundet hat.
Jacques hat selbst drei Söhne und wir dürfen gespannt
sein, welche Abenteuer diese in den kommenden Jahren
erleben werden!

TAGEBÜCHER EINES
MOTORRADFAHRERS

Im Jahr 1952 machte sich ein argentinischer Medizinstudent mit seinem Motorrad auf den Weg, um mit einem Freund durch Südamerika zu reisen. Dieser Mann hieß Ernesto Guevara, aber jeder kennt ihn als Che. Alles begann als normale Rundreise und endete schließlich als Auftakt zu einer Revolution …

„Lass die Welt dich verändern und du kannst die Welt verändern."

~ *Che Guevara*

MOTORRAD-TAGEBÜCHER

Vor dem großen Trip mit dem Motorrad fuhr Che zunächst mit dem Fahrrad durch Argentinien. Auf seiner Reise stellte er fest, dass die Menschen umso hilfsbereiter waren, je ärmer sie waren. Während dieser Touren lernte er auch seinen Freund Alberto kennen, der ihm von den schrecklichen Lebensbedingungen der Menschen erzählte, die an Lepra litten – das ist eine Krankheit, die furchtbare Narben im Gesicht und an den Händen hinterlässt. Also fasste Che den Entschluss, eine richtig lange Reise zu unternehmen, um zu sehen, wie die Menschen im übrigen Südamerika lebten.

IM LAND DER MINEN

1952 brachen Che und Alberto zu ihrer großen Tour auf, dieses Mal mit dem Motorrad. Sie hatten vor, mit Patienten in Krankenhäusern und mit Gefangenen zu reden, um die soziale Notlage von Menschen am Rand der Gesellschaft zu verstehen. Sie besuchten auch eine Region in Chile, die für ihren Bergbau berühmt war. Dort sahen sie, unter welch schlechten Bedingungen die Bergarbeiter leben mussten, während ausländische Minenbesitzer dicke Gewinne einstrichen. Che verbrachte viele Abende im Gespräch mit diesen Menschen und konnte sich auch persönlich ein Bild vom Inneren der Minen machen.

AUSGESTOSSEN LEBEN

Es interessierte Che sehr, wie Ausgestoßene und Leprakranke leben mussten. In einem Camp in Peru waren die Kranken völlig isoliert untergebracht, obwohl ihre Krankheit nicht ansteckend war. Che durchschwamm den Amazonas und lebte eine Weile mit den Patienten; er behandelte sie wie normale Menschen und sie brachten ihm große Dankbar-   keit entgegen.

VIVA LA REVOLUCIÓN!

Insgesamt haben Che und Alberto eine Strecke von mehr als 8.000 Kilometern zurückgelegt, als sie Südamerika von Süden nach Norden durchquerten. Sie haben die Anden bezwungen, die Atacama Wüste durchquert sowie den Amazonas Regenwald. Das Ende der Reise stellte für Che jedoch gleichzeitig einen Neuanfang dar – er wollte gegen die Ausbeutung der Armen kämpfen. In Guatemala half er, ihre Regierung zu stürzen. Viel bekannter jedoch wurde er, als er in Kuba für die Rechte der einfachen Leute gekämpft hat. Das ist jedoch eine andere Geschichte.

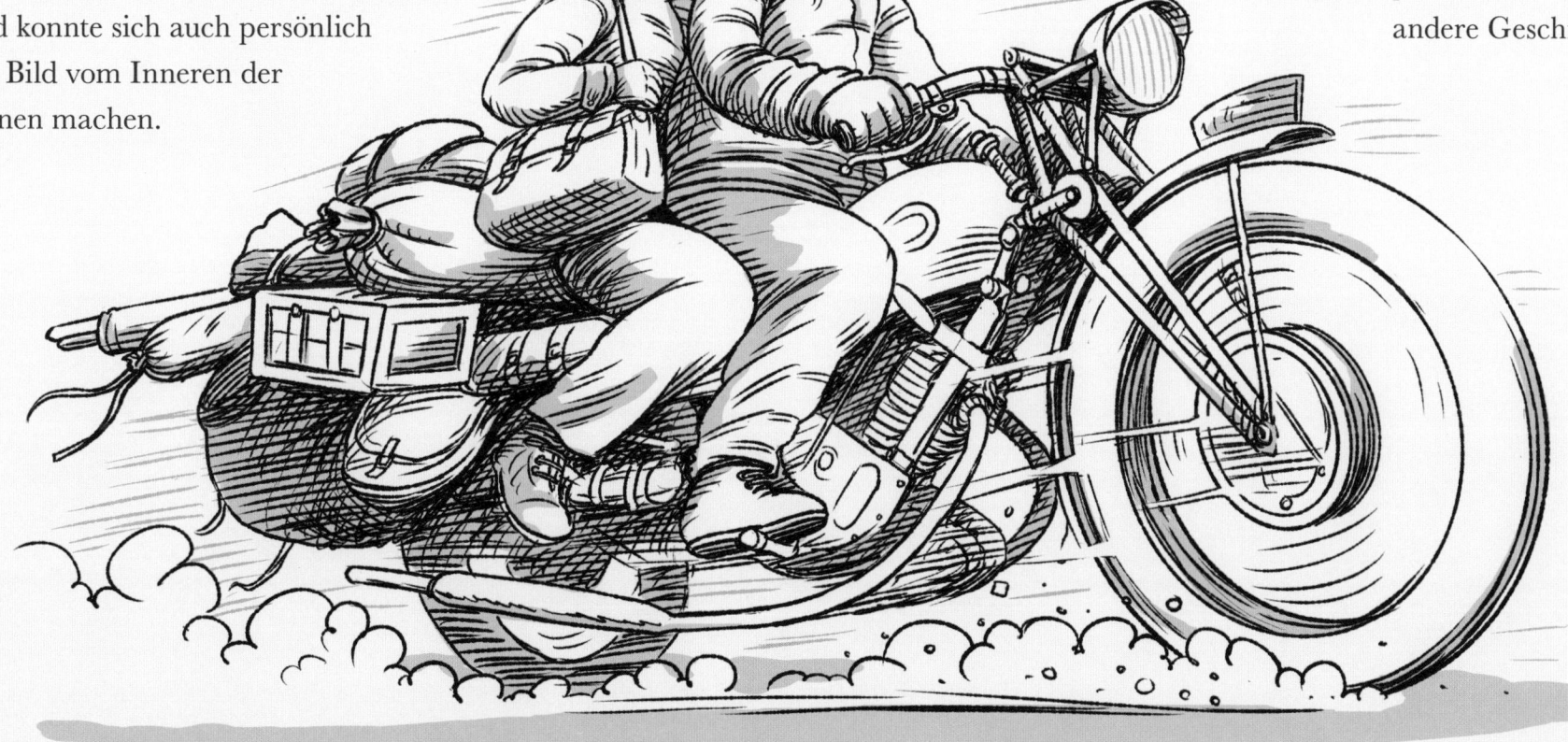

WIR VERLASSEN DIE ERDE

Das Weltall galt lange als letzte Bastion. Die USA und die Sowjetunion haben sich einen gewaltigen Wettstreit geliefert, wer als ‚Erster' ins All fliegt. Die Sowjets waren dabei zunächst einen Schritt voraus. Jedenfalls wurde Science-Fiction in wissenschaftliche Tatsachen verwandelt.

TIERE IM WELTALL

Im Jahr 1947 wurden Fruchtfliegen als erste Tiere ins Weltall geschickt – man schoss sie mit einer V2-Rakete nach oben. Nur kurze Zeit später, 1949, folgte der Affe Albert II. und 1950 eine namenlose Maus. Die Sowjetunion schickte 1951 zwei Hunde ins Weltall, die als erste Tiere einen Weltraumflug überlebten. Der größte Star unter diesen Tieren war dann Laika, eine Hündin, die 1957 mit der *Sputnik 2* in den Orbit geschossen wurde. Sie war ein Pionier der Weltraumfahrt.

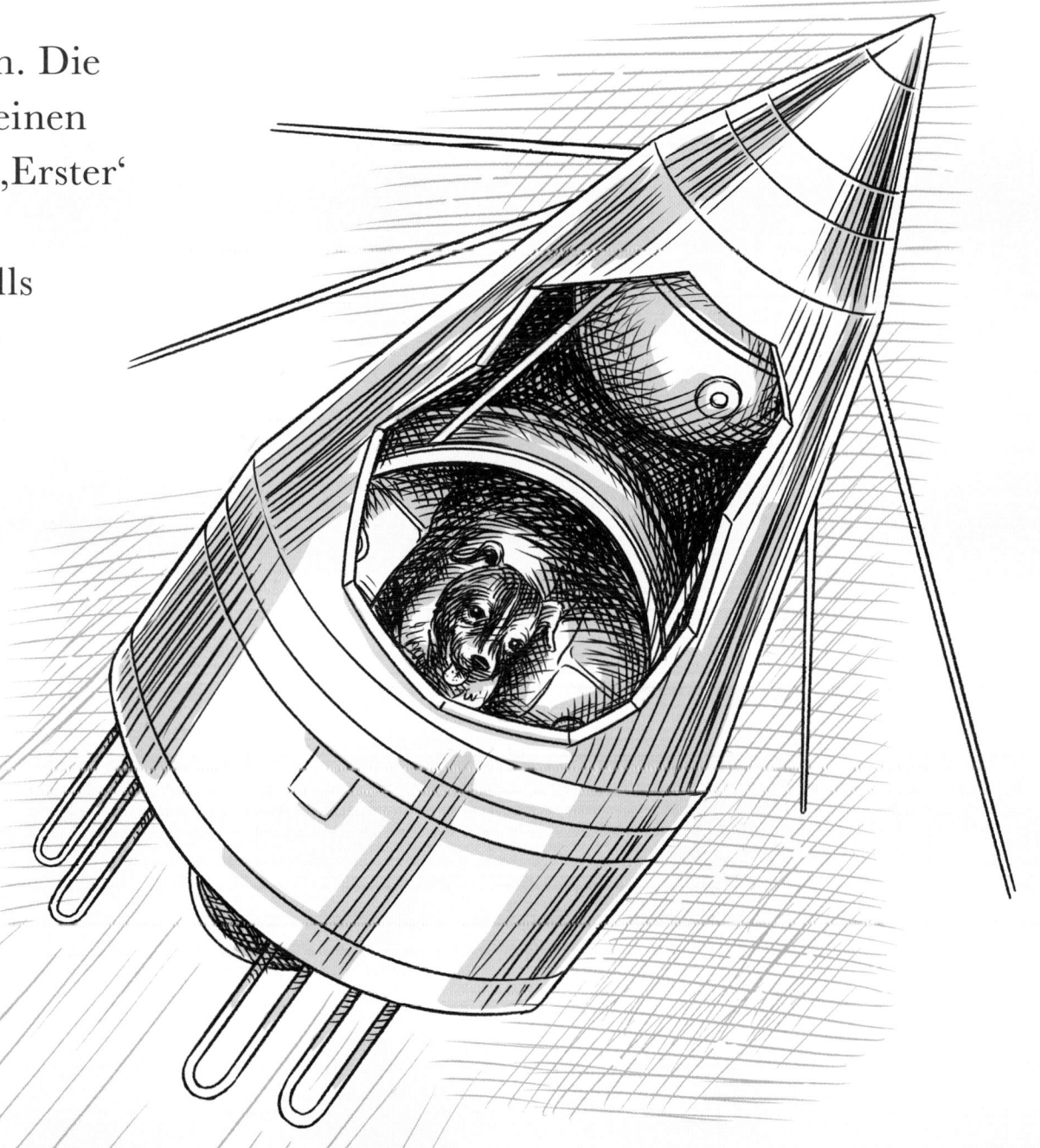

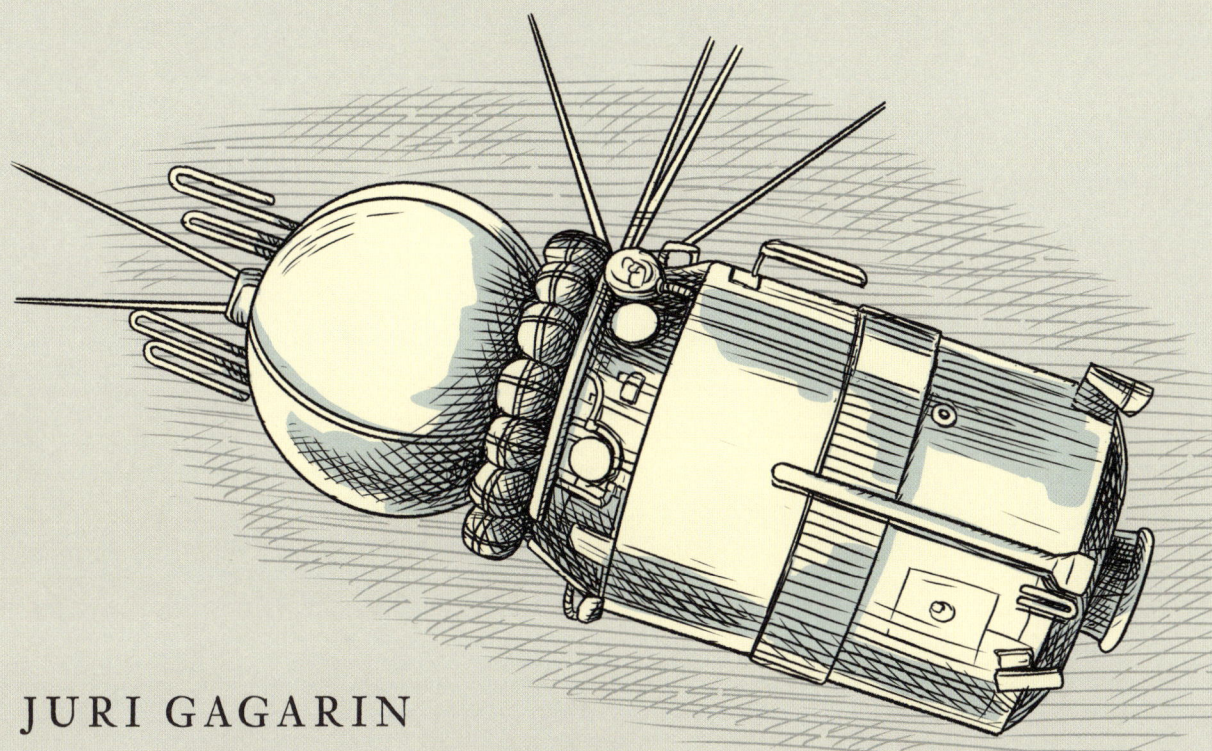

JURI GAGARIN

Nur vier Jahre nach Laikas Flug schickte die Sowjetunion den ersten Menschen ins Weltall. Der Kosmonaut hieß Juri Gagarin, er hatte eine Ausbildung zum Flugzeugpiloten gemacht und sich freiwillig für das Raumprogramm gemeldet. Im Raumschiff *Wostok 1* war es total beengt, aber das störte Juri nicht; er hatte Würstchen und anderes Essen dabei, das würde ihm schon Kraft geben. Viele Menschen waren überzeugt, dass er sterben würde, doch er glaubte an seine Mission und sprach vor dem Abheben die berühmten Worte:

"Poyekhali! (Auf geht's!)"
~ JURI GAGARIN

VALENTINA TERESHKOVA

Im Jahr 1963, nur zwei Jahre nach Gagarins Weltraumflug, erlangte Valentina Tereshkova große Berühmtheit als erste Frau im All. Vor ihrem Training arbeitete sie in einer Textilfabrik und betrieb Fallschirmspringen als Hobby; damit war sie perfekt geeignet für die Mission. Sie flog mit der *Wostok 6* ins Weltall, verbrachte dort mehr als drei Tage und umrundete dabei die Erde 48 Mal. Einige Jahre später bat sie darum, dass man sie zum Mars schickte, auch wenn sie nicht zurückkehren würde, aber das ließ sich nicht verwirklichen.

ZUM MOND UND ZURÜCK

Man kann es fast nicht glauben, dass bereits acht Jahre nach dem ersten Weltraumflug und
weniger als zwölf Jahre nach Laikas Mission im Sputnik-Satelliten Menschen auf
dem Mond spazieren gingen. Aber es ist wahr. Wie haben sie das geschafft?

WETTLAUF IM ALL

Der Weltraumflug von Juri Gagarin 1961 hat bei den US-Amerikanern noch größere Träume entstehen
lassen. Nur wenige Tage nach dem Erfolg der Sowjetunion fragte Präsident Kennedy seine Ingenieure,
ob sie einen Menschen zum Mond und wieder zurückschicken könnten – „Arbeiten Sie 24 Stunden
täglich daran? Wenn nein, warum nicht?" Große Träume erforderten natürlich auch viel Geld;
und der Wettlauf zwischen den USA und der UdSSR war genau so ein Projekt, das der
Präsident zuvorderst mitfinanzieren würde – er wollte um jeden Preis gewinnen.

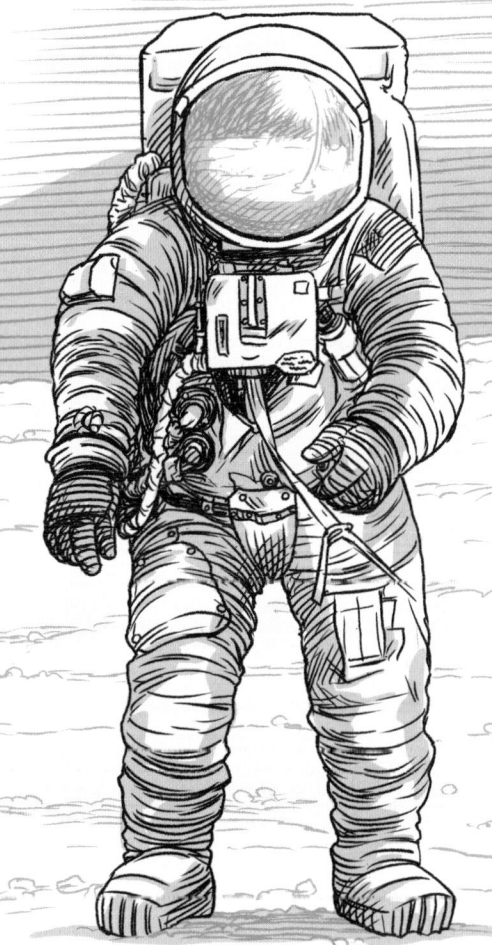

ABFLUG

Der Traum sollte schon bald Wirklichkeit werden,
als 1969 drei Männer für die Apollo 11 Mission
ausgewählt wurden. Viele versammelten sich an
der Startrampe und es gab einen Zuschauerrekord
bei der Fernsehübertragung. Die Rakete flog erfolgreich zum Mond und setzte dort das Mond-
fahrzeug mit zwei der Astronauten aus, die anschließend den Mond betraten. Das Erstaunlichste
ist, dass der Computer, der damals für die sichere
Landung zuständig war, viel weniger Kapazität
besaß als ein heutiges Smartphone!

ERSTER SCHRITT

Neil Armstrong machte die Erfahrung
des ersten echten Moonwalks. Am 21. Juli
1969 betrat er als erster Mensch den Mond.
Der zweite war sein Mitflieger in Apollo
11, Edwin Buzz Aldrin. Beide setzten auf
dem Mond eine US-amerikanische Flagge,
während der Pilot Michael Collins die Apollo
steuerte. Die Mondlandefähre hieß übrigens
Eagle (Adler).

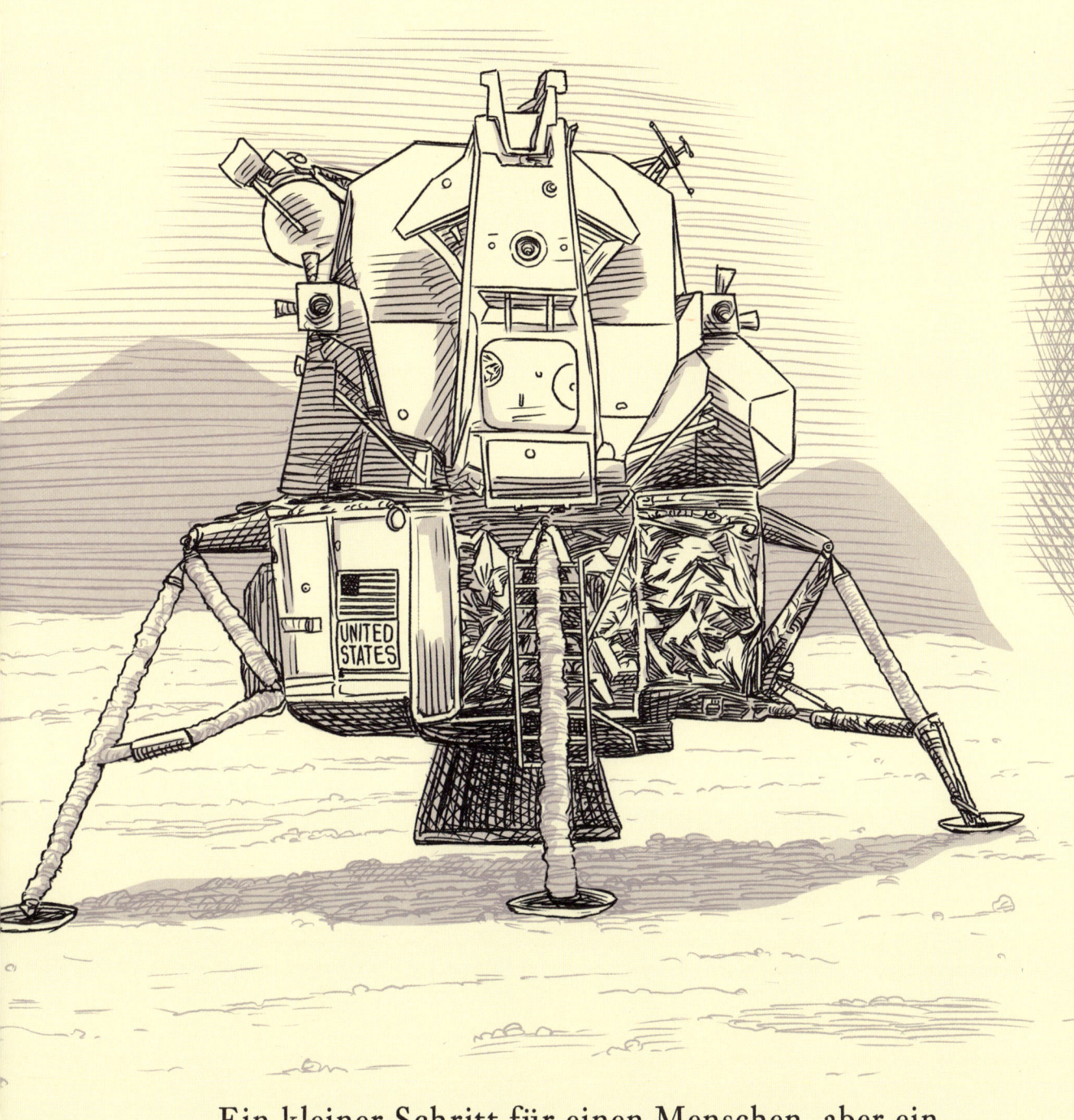

„Ein kleiner Schritt für einen Menschen, aber ein
großer Schritt für die Menschheit."

~ *Neil Armstrong*

NUR IN SEINER WELT

Michael Collins übrigens musste den Mond
ganz alleine im Raumschiff umrunden. Er war
wesentlich isolierter als je ein Mensch zuvor –
bei jeder Umrundung gab es volle 48 Minuten,
in denen er keinerlei Funkkontakt mit seinen
Kollegen auf dem Mond oder zur Erde hatte.
Beneidete er die anderen, dass sie auf dem
Mond waren? Überhaupt nicht – er war
äußerst stolz auf seinen Beitrag zur Mission
und er fühlte eine große Demut gegenüber der
Unendlichkeit des Alls. Gleichzeitig war er wie
hypnotisiert von dem, was er sah.

UND WO GEHT'S ALS NÄCHSTES HIN?

Wir haben in diesem Buch nun die Tiefen der Ozeane und die höchsten Berggipfel besucht. Wohin werden uns wohl die nächsten, erstaunlichen Reisen führen? Unsere großen technischen Fortschritte haben die Welt kleiner erscheinen lassen. Menschen sind zum Nordpol gefahren, andere haben das Ziel mit einem Eisbrecher erreicht. Es gibt Traditionalisten, die frühere Reisen mit alter Technik heute noch einmal erleben wollen. Und dann sind da die Einzelgänger, die unbedingt ganz bestimmte Ziele auf der Erde ohne jegliche Hilfe oder Begleitung erreichen wollen.

Offensichtlich gibt es im Weltraum derzeit die Grenze für unsere Spezies Mensch. Vielleicht ist der Mars ja der nächste Kandidat für die Weltraumforschung. Wer wird dabei den Raumanzug tragen und wie wird das interplanetare Raumschiff aussehen? Vielleicht wird ja ein Leser dieses Buches – vielleicht Du? – eines Tages der Erste auf dem Mars sein, während andere Leser ihre eigenen Reisen träumen und erfinden, die dann mindestens genauso spannend und faszinierend sind wie das hier bereits Erzählte. Nicht vergessen: Kleine Schritte bedeuten nur, dass wir einen Fuß vor den anderen setzen. Erst der Traum von etwas Größerem ist das Salz in der Suppe! Träumt von großen Dingen und genießt alle Eure Reisen!